为传统经典注入新的时代内涵

为新时代提供传统的营养源泉

中华人物故事

文人为官

中华书局《月读》编辑部 编著

中央党校出版集团◎大有书局

图书在版编目（CIP）数据

文人为官 / 中华书局《月读》编辑部编著 . -- 北京：大有书局，2021.5

（中华人物故事）

ISBN 978-7-80772-003-4

Ⅰ . ①文…　Ⅱ . ①中…　Ⅲ . ①历史人物—列传—中国—古代　Ⅳ . ① K82

中国版本图书馆 CIP 数据核字（2021）第 061827 号

书　　名　文人为官
　　　　　WENREN WEIGUAN
作　　者　中华书局《月读》编辑部　编著
丛 书 名　中华人物故事
项目统筹　刘韫劼
策　　划　叶敏娟

责任编辑　张媛媛
装帧设计　罗　洪
责任校对　许海利
责任印制　李　怡
出版发行　大有书局
　　　　　（北京市海淀区长春桥路 6 号　100089）
综 合 办　（010）68929273
发 行 部　（010）68922366
经　　销　新华书店
印　　刷　中煤（北京）印务有限公司
版　　次　2021 年 5 月北京第 1 版
印　　次　2021 年 5 月北京第 1 次印刷
开　　本　140 毫米 ×203 毫米　1/32
印　　张　8.125
字　　数　123 千字
定　　价　40.00 元

出版说明

大有书局是中共中央党校（国家行政学院）主管主办的一家中央级出版机构，为更好地融合传统文化与主题出版资源，我书局与中华书局合作，从其主办的《月读》杂志中精选一批历年来深受读者好评、以传统文化为核心内容的优秀作品，按照“人物故事”“经典名篇”和“名著导读”三大类别编辑形成系列图书，希望其中包含着的修德立身精神、治国理政智慧有益于读者尤其是党政干部读者。

呈现给读者的系列图书，旨在古为今用，推陈出新。“人物故事”系列用时代精神讲述古圣先贤的生平、功绩、思想及贡献，希望能给读者提供现实借鉴；“经典名篇”系列汇集体现诸子文士思想精华的锦言妙文，有学习引用之便；“名著导读”系列以当下的视角解读中华传统经典名著，力图给读者以新解新知。

为满足读者的阅读需求，我们在整理过程中逐渐形成“突出经典，彰显从政智慧”的编选原则，在对大量原作进行归类整理、勘误校正的基础上，重点选择那些既与现实热点、大事大势结合紧密，同时又体现传统经典知识性、趣味性及思想性的文章。该系列图书力图做到小而美、精而雅，使传统经典常读常新，焕发新的阅读乐趣。

大有书局

2021 年 4 月

文人为官

屈原

南国嘉树自高洁

屈原（约公元前340—公元前278），名平，字原，战国时期楚国人，中国古代著名政治家、伟大的爱国诗人、『楚辞』的创立者，被誉为『中华诗祖』『辞赋之祖』。屈原的出现，标志着中国诗歌进入了一个由集体歌唱到个人独创的新时代。屈原的事迹主要记载在《史记·屈原贾生列传》和《离骚》中。毛泽东同志这样评价屈原：『他不仅是古代的天才歌手，而且是一名伟大的爱国者：无私无畏，勇敢高尚。他的形象保留在每个中国人的脑海里。无论在国内国外，屈原都是一个不朽的形象。我们就是他生命长存的见证人。』（费德林《我所接触的中苏领导人》）

行吟泽畔楚大夫——屈原其人其事

后世学者根据屈原在《离骚》开篇的自述，推断他大概生于公元前340年；另因他写过《哀郢》篇，而秦军攻破楚国首都郢都是在公元前278年，所以学界普遍认为屈原当卒于这一年。作为诗人的屈原，是如何成为爱国主义精神象征的呢？要解答这个问题，还要从他的生平中寻找答案。

我们知道，战国有所谓“七雄”，即齐、楚、燕、赵、韩、魏、秦七国。在这七个诸侯国中，楚国是一个地大兵多、历史久远的老牌强国。公元前340年，楚威王即位，他是楚国的一位英主，在位期间一举打败齐国，把疆域扩展到沂水流域。楚威王去世后，其子楚怀王继位，又打败了东方的越国，奠定了楚国东至大海，西至巫山，南至五岭，北至汝、颍、沂、泗的疆域。屈原的少年时代，可以说是伴随着楚国的兴盛度过的。

屈氏家族是楚国名门，也是楚王的同族。直到战国中期，屈氏仍是楚国王族的重要支系，与昭氏、景氏鼎足而立，楚王还特别设立了“三闾大夫”一职来管理这三个支系的子弟。正因为出身于显赫的家族，屈原受过良好的教育，以博学著称，在进入仕途后一路平步青云，三十岁左右就做到了仅次于令尹（相当于宰相）的“左徒”。这一时期，屈原深受楚怀王信任，“入则与王图议国事，以出号令；出则接遇宾客，应对诸侯”，可以说是楚国的重臣。

然而好景不长，楚国的另一名大臣上官大夫妒忌屈原的才能，又嫉恨他受楚怀王宠信。于是，上官大夫便开始向楚怀王进谗：“屈原为您起草政令，每当政令公布时，屈原都自居其功，声称‘不是我的话，没人能写出来’。”听到这番话，楚怀王开始逐渐疏远屈原，还把他从左徒之职降为三闾大夫。从此，屈原被排挤出了楚国的政权核心。

被疏远的屈原对楚怀王感到非常痛心，因此写了一首长诗，名为《离骚》。据司马迁解释，“离”是“遭受”的意思，“骚”是“忧愁”的意思。也就是说，这是一首抒发屈原内心忧愁情感的诗。在诗中，屈原讲述了自己的家世和经历，表露出对楚怀王的失望与对进谗者的愤怒，同时也表达了自己坚持追求真理、愿与国家同休戚、共命运的坚定信念。屈原后半生的悲剧命运，自此已经初见端倪。

楚怀王十六年（公元前 313 年），秦国意欲攻齐，但顾忌楚国和齐国的盟友关系，担心楚国发兵救齐。为了解除威胁，秦国派张仪入楚，劝说楚怀王与齐国断交，许诺将商於之地六百里割给楚国。楚怀王因贪图这块土地，最终为张仪所欺骗。楚国不但没有获得土地，还被秦军打得大败，丢了汉水流域的大片领土，连韩国、魏国也来趁火打劫。这时，楚国的局势非常窘迫，急需齐国援助，而齐国对楚国之前主动断交的行为怀恨在心，便坐视不理。在这危难关头，屈原临危受命出使齐国，经过一番努力，终于缓和了齐楚关系，使楚国在困境之中得到了喘息的机会。

此后，由于楚国的外交方针举棋不定、变幻莫测，最终引发了齐、韩、魏三国联军攻楚。楚怀王送太子入秦做人质，才求得秦国出兵，挽救了楚国。然而，在秦国做人质的楚太子杀了一名秦国大夫，私自逃回了楚国，从而导致秦楚关系彻底破裂。

楚怀王三十年（公元前 299 年），秦昭王在攻占楚国八座城池之后，派人向楚怀王示好，希望楚怀王到秦楚边境的武关参加会盟。楚怀王犹豫不决，既怕拒绝会触怒秦国，又怕去了会遭到秦国欺诈。屈原和另一位大臣昭雎说："秦国是虎狼之国，不可信，且有吞并诸侯的野心。"楚怀王有一个儿子名叫子兰，他认为如果不去，会使楚国丧失秦国的欢心。楚怀王思前想后，最终决定前去会盟。他到了武关之后，秦国就封闭了关口，把楚怀王劫持到咸阳，逼迫他割地。楚怀王坚持不肯，试图逃回国去，却被捉回，三年后病死在了秦国。

楚怀王被劫持后，楚国立太子为王，是为顷襄王。顷襄王任命弟弟子兰为令尹。楚国百姓对子兰很有意见，认为楚怀王入秦就是子兰挑唆的。这时楚国的局势非常不妙，秦国夺取了楚国十几座城池，楚军死者数万。屈原愤于国势倾颓，在诗篇中表达出期望楚王近贤远佞、改弦易辙的想法。令尹子兰听说后大怒，让屈原的老对头上官大夫在顷襄王面前说屈原的坏话。终于顷襄王被激怒，将屈原流放到“江南”（长江以南的沅水、湘水流域）。这时的屈原约四十岁，正是大有作为的年龄，却因为被当权者排挤，被迫过上了“放废”的生活。

如果屈原是个庸人，或者对楚国的前途已经灰心丧气，尽可以安心享受这“曳尾泥涂”的流放生活；然而，屈原始终保持着对政治的高度关注，以及对振兴楚国的期盼。他心忧国事，以致“被发行吟泽畔，颜色憔悴，形容枯槁”，有人劝他和光同尘，他也不改其志。从屈原流放期间写下的诗句可以看出，此时的他已经不指望楚王起用自己，但仍盼望楚国能够重整局面，改变楚怀王统治后期以来南风不竞的现状。可惜，新上台的顷襄王既深信令尹子兰等人，又限于楚国的国力不足，长期采取与秦国和亲的政策，直到顷襄王十八年（公元前 281 年），才筹划与齐、韩等国合纵抗秦。此后三年，楚国连吃了三场大败仗，连楚国的国都郢都也被秦国攻陷，历代先王陵墓所在的夷陵亦遭焚毁。郢都的陷落，让年过花甲的屈原对统治者彻底失去了信心，大概就是在这一年，他自沉于汨罗江。传说《楚辞·九章》中的《怀沙》一篇，就是屈原投江前写下的遗作。

龙舟争渡祭英魂——端午节与屈原传说

屈原死后不到六十年，楚国就灭亡了，屈原念念不忘的复兴楚国事业最终化为泡影。但是，这并不影响后人对屈原的敬爱与仰慕。司马迁年轻时周游天下，为撰著《史记》收集素材，到过屈原被流放的沅湘流域。他说："余读《离骚》《天问》《招魂》《哀郢》，悲其志。适长沙，观屈原所自沉渊，未尝不垂涕，想见其为人。及见贾生吊之，又怪屈原以彼其材，游诸侯，何国不容，而自令若是。"司马迁在《史记》中还特别为屈原立了传。

与司马迁用"书于竹帛"的方式来纪念屈原不同，长江流域的人们在纪念屈原时使用了一种更为朴素的方法。南朝梁人宗懔的《荆楚岁时记》记载："五月五日竞渡，俗为屈原投汨罗日，伤其死，故并命舟楫以拯之。"宗懔是荆州人，熟悉楚地的文化。他在书中提到五月五日"俗为屈原投汨罗日"，可见此时民间久已将五月五日端午节与屈原联系在一起；而民间将龙舟竞渡的习俗归因于屈原投水后民众划船抢救他的行为，更体现了百姓对屈原的怀念之情。

无独有偶，另一位梁人吴均所撰的《续齐谐记》也记载，“屈原五月五日投汨罗水，楚人哀之，至此日，以竹筒子贮米投水以祭之。汉建武中，长沙区曲忽见一士人，自云三闾大夫，谓曲曰：‘闻君当见祭，甚善。常年为蛟龙所窃，今若有惠，当以楝叶塞其上，以彩丝缠之。此二物，蛟龙所惮。’曲依其言。今五月五日作粽，并带楝叶、五花丝，遗风也。”如果我们认可吴均的说法，则投“竹筒子贮米”——古代粽子的雏形——祭屈原的风俗至少起源于东汉以前，甚至有可能是战国遗风。由此可见，即使屈原去世，人们也对他念念不忘。

其实，五月五日并不一定真是屈原自沉的日子，从民俗的角度说，这一天是古代观念中的一个“恶日”。说屈原在五月五日去世，可能是因为当时的人们觉得这个日子不吉利，所以把屈原去世这一不幸的事件附会在这一天。

更有意思的是，五月五日的竞渡等活动到底是在纪念谁这个问题，至少在南北朝时，各地还有不同的说法。《荆楚岁时记》在引述“赛龙舟是为了纪念屈原”的说法之后又说，“邯郸淳《曹娥碑》云：‘五月五日，时迎伍君逆涛而上，为水所淹。’斯又东吴之俗，事在子胥，不关屈平也。《越地传》云起于越王勾践，不可详矣。”也就是说，五月五日的竞渡等活动另有纪念伍子胥、源于勾践等不同说法。从这条记载看，当时的湖南、湖北与江苏、浙江人民在这个问题上颇有分歧，都偏向自己的“老乡”。然而，到了唐代，大家就普遍认为五月初五的投粽、竞渡、系五色丝线等民俗活动是在纪念屈原。究其原因，大概还是因为屈原的爱国精神更受人尊重吧。

至于“端午节”这个名字的产生，我们可以向上追溯到魏晋时期。生活于孙吴之末、西晋之初的周处曾著有《风土记》，记载他的家乡阳羡的风土人情，其中就提到：“仲夏端午，谓五月五日也，俗重此日也，与夏至同。”这里就出现了“端午”的名称。至于这个名字如何解释，则是众说纷纭。目前而言，在文献中出现比较早的一种说法是：“端”是“初”的意思，“午”与“五”通，“端午”就是“初五”。按我国古人以四月、五月、六月为夏，分别称孟夏、仲夏、季夏这样看来，周处所谓的“仲夏端午”岂不正好是“五月初五”的另一种说法吗？可见“端”谓“初”、“午”通“五”的说法是可信的。

时至今日，屈原与端午节的关联已经深入人心，民间传说认为龙舟竞渡起于人民打捞屈原的遗体，粽子最初是投到江里喂蛟龙的，以免它们啃噬屈原的遗体，这已是妇孺皆知的故事，是人民怀念这位伟大爱国诗人的一种方式。屈原的名字，伴随着我们度过一个又一个端午佳节，必将永垂不朽。

不有屈原，岂见《离骚》——屈原与楚辞

除了炳耀千秋的爱国主义精神外，另一使屈原名垂千古的，就是他的文采。《汉书·艺文志·诗赋略》将当时保存下来的诗赋分为五类：屈原赋、陆贾赋、孙卿赋、杂赋、歌诗。当时的文人学者把不配乐仅诵读的韵文称为“赋”，配乐演唱的称为“诗”。所谓的“屈原赋”，指的就是屈原所作的“楚辞”。屈原是目前可考的最早写作“赋”的人，所以在历史上有“辞赋之祖”的美称；而现今的学术界将楚辞归类为“骚体诗”，所以我们又说屈原是一位伟大的诗人。这两者并不矛盾。

屈原的作品到底有哪些？《汉书·艺文志》的记载是“屈原赋二十五篇”，但没有说出各篇的名字。民国时期的著名学者顾实认为，这二十五篇指的是《离骚》

一篇、《九歌》十一篇、《天问》一篇、《九章》九篇，再加上《远游》《卜居》《渔父》这三篇，正好是二十五篇。屈原的这些作品各有特色，但其中最著名的是《离骚》。

《离骚》之所以著名，第一个优点是它最能体现屈原的精神。《离骚》可以划分为两部分内容，第一部分是屈原对自己家世和遭遇的叙述，第二部分是屈原被疏远后的思想与行动。在第二部分中，屈原用修整容貌、服饰宣示自己仍然坚持道德上的追求，用女嬃（一说是屈原的姊妹，一说是其侍妾）对自己的责难及自己的回应体现自己不随波逐流的决心，用向传说中的神女贤妃求婚暗示自己仍在访求贤能，用远游时忽然怀念故乡的情节表现自己对楚国的深厚感情。总的来说，屈原虽然对楚国以楚怀王为首的统治者感到失望，但是希望他们能够改变以前错误的做法，走到正路上来；他对自己的境遇虽感到悲哀，却未曾因此而丧失信心和勇气。这种“怨而不怒、哀而不伤”的精神极富韧性，表现在诗中，就是一种“温柔敦厚”的风格。我们读后会深受感染，不会因作者的不幸而丧失信心，反而会对他产生敬意，这是极为难得的。

《离骚》的第二个优点是它出众的文采。南朝著名文学理论家刘勰在《文心雕龙·辨骚》中给《离骚》下了一个“朗丽以哀志”的断语，这无疑是很高的评价了。《离骚》中的很多词句，现在已经成了常被引用的名句，如“老冉冉其将至兮，恐修名之不立”，“长太息以掩涕兮，哀民生之多艰”等；有的被总结成了典故、成语。直到今天，我们仍能从《离骚》中汲取文化养分。

除了《离骚》外，屈原的其他作品也很有特色。《九歌》十一篇，除了最后一篇《礼魂》外，都是在讲具体神怪的故事，很像是祭祀的乐歌，而这些神怪的故事，我们今天已经很少知道。《天问》一篇，通篇都是屈原在提问。据研究者统计，全篇提出了一百七十多个问题。这些问题有些是屈原明知故问的，有些则是当时还没有解决的“疑难问题”，涉及天文、地理、神话、历史、政治等多方面，这种形式在世界文学史上也是“绝无仅有”的。《九章》九篇是屈原不同时期、不同环境下创作的九首诗的结集，较《离骚》更为抒情，基本上是作者倾诉内心感情的作品。与这些作品相比，《远游》的特点则是托意玄远，寄情于神仙生活，颇有两晋“游仙诗”的感觉。最后的《卜居》《渔父》这两篇，则是屈原以假托与人交谈的形式写作的述志诗篇，韵文之中带有散文色彩，体现了他坚持道德理想、不肯与世浮沉的性格特征。

屈原是我们知道的第一位楚辞作家，比他稍晚一些，楚国还出现了宋玉、唐勒、景差等人，他们学习了屈原的写作方式，也写过好的作品，如宋玉的《九辩》《招魂》、景差的《大招》（一说为屈原所作）等。然而，司马迁说这些后起者“皆好辞而以赋见称；然皆祖屈原之从容辞令，终莫敢直谏”。意思是文字水平是够了，却没有屈原那样独到的精神。进入汉代以后，受屈原影响，用楚辞体写作的作家有很多，但他们都没能超越屈原的高度。从这个意义上说，屈原的确是独一无二的。

总的来说，无论题材的瑰丽、视野的广阔、构思的巧妙，还是写作手法的多样，屈原都不逊于同时代乃至后世的任何一位作家，因此，古往今来有那么多人称赞屈原也就不足为奇了。不过，笔者认为对屈原的文学地位评价最精辟的，莫过于《文心雕龙·辨骚》末尾那篇简短的“赞”了，笔者将引用它作为本文的结尾：

不有屈原，岂见《离骚》？惊才风逸，壮志烟高。山川无极，情理实劳。金相玉式，艳溢锱毫。

张衡

致广大尽精微

张衡（78—139），字平子，南阳西鄂（今河南南阳石桥镇）人，东汉著名天文学家、发明家、文学家，有『科圣』之誉，与司马相如、扬雄、班固并称为『汉赋四大家』。《后汉书》卷五十九有专传。在文学方面，张衡所作的《二京赋》《南都赋》堪称经典，为人称道；在科学技术方面，他创制了浑天仪、候风地动仪，为我国天文学、机械技术、地震学的发展做出了杰出贡献。可以说，张衡是『道德』与『文章』兼优，『数术』与『制作』齐飞，特别是他刻苦钻研、注重实践、勇于创新的精神，以及实事求是的科学态度，至今仍散发着不朽的光辉。

他博学多才，在科学和文学领域均有很高的造诣；他是“南阳五圣之一”，有着“科圣”之誉（其他四位分别是“谋圣”姜子牙、“商圣”范蠡、“医圣”张仲景、“智圣”诸葛亮）；他与司马相如、扬雄、班固并称为“汉赋四大家”；他因发明地动仪而成为“地震学的鼻祖”；联合国天文组织以他的名字命名了月球背面的一座环形山以及太阳系中 1802 号小行星。

他就是东汉时期的张衡。

博闻多识

张衡生于汉章帝建初三年（78 年），其祖父张堪，从小志高力行，被称为“圣童”。光武帝刘秀登基后任命张堪为蜀郡太守，他随大司马吴汉讨伐割据益州的公孙述，立有大功。其后，他又因领兵抗击匈奴有功，拜为渔阳太守。在任期间，他教民耕种，开稻田八千顷，百姓由此安居乐业。有民谣歌颂他："张君为政，乐不可支。"张堪为官清廉，蜀郡虽号称天府，但张堪从蜀郡太守任上离开时只乘坐了一辆破车，携带的只有一卷布被囊。

受祖父风范的影响，张衡虽出生在官宦家庭，却懂得洁身自好，没有沾染上恶习。他从小刻苦向学，熟读了《诗经》《尚书》《周易》《礼记》等儒家经典。不仅如此，他还对文学很感兴趣，像司马相如、扬雄等人的作品，他都下了一番功夫去鉴赏和研究，因此他很早就能写一手好的辞赋，文学才华颇得他人称羡。

青年时代的张衡就懂得读书固然是获得知识的一种途径，但除了书本外，还必须有实际的生活经验。因此，他不满足"闭门坐家中，苦读圣贤书"的生活，渴望外出游学，以充实自己的生活，开阔眼界，寻求书本中得不到的知识和技能。

公元94年，十七岁的张衡离开家乡外出游历，访师求学。他的第一站不是都城洛阳，而是有着历史文化底蕴的长安。张衡在这里游览名山大川，考察了历史古迹，访问了民情风俗。第二年，他从长安来到洛阳，在这里住了五六年。其间，他既没有结交官宦权贵，也没有到当时专门培养官员的学校——太学读书，而是四处寻师，虚心请教，使阅历和知识不断增长。他曾对人说做不做官不要紧，重要的是修养德行，研究学问。当时许多学者都各有主张，张衡并不盲从任何一家的学说，他独立思考，采取批判吸收的方式，这是他日后能够取得巨大成就的原因之一。

在洛阳，张衡结识了不少有作为的朋友，比如马融就是当时著名的辞赋家，又擅长音乐，后来成为儒学大家。又如窦章，既有学问，为人又谦虚谨慎。再如崔瑗，对天文、数学、历法有着精深的研究。在这些朋友中，崔瑗对张衡的影响最大，他们常常探讨问题。张衡后来研究天文历法并有所成就，崔瑗功不可没。

崭露头角

张衡喜爱文学，在长安游历的时候就写了著名的《温泉赋》。在这篇文章里，他歌颂了“汤谷”的优美、春水的清新以及祖国山河的壮丽，借此表达了自己的志向。

在洛阳期间，他也写了不少辞赋，如《定情赋》《同声歌》《扇赋》《七辩》，只可惜这些文章有的已经亡佚，有的只残存只言片语。但从留存下来的片段中，我们依旧可以领略张衡的文采。凭借着这些作品，张衡的名气渐渐大了起来。当时，做官的方式主要是察举和征辟。所谓察举，就是地方官每年向朝廷保举“茂才”或“孝廉”，并送到京城洛阳由皇帝考核后先做小官，然后慢慢升迁。南阳太守曾多次保荐张衡为“孝廉”，都被他拒绝了。

公元100年，曾任黄门侍郎的鲍德调任南阳太守。他仰慕张衡的才华，又因张衡是南阳人，便想方设法邀请他回到南阳帮助自己处理政务。鲍德是一位有品德、有学问的人，加之此时张衡已经在洛阳住了些时日，想回到家乡看看，因此他答应了鲍德的请求，做了鲍德的主簿。当时，张衡二十三岁。

主簿的主要职务是办理往来的文件，不直接处理政务。张衡兢兢业业，辅佐鲍德治理南阳郡，除暴安良，提倡农桑，兴办学校，兴修水利，减轻赋税，推广铁制农具，发展商品经济，使得南阳大治。这从一个侧面体现了张衡的从政才能。

在担任主簿期间，张衡对自己游历长安和洛阳时收集到的材料进行整理，写成了《西京赋》和《东京赋》，合称《二京赋》。西京指的是西汉的都城长安，东京指的是东汉的都城洛阳。张衡写这两篇赋，前后用了十年时间，写了改，改了写，史书用了“精思傅会，十年乃成”八个字来形容，可见其写作态度是十分认真的。

《二京赋》奠定了张衡的文学地位。赋中张衡以“古”讽“今”，表面描绘的是西汉时期商贾奢侈，豪侠跋扈，世风日下，不以“清廉俭朴”自守；实则讽喻东汉的社会现实。《后汉书·张衡传》云：“时天下承平日久，自王侯以下，莫不逾侈。衡乃拟班固‘两都’作《二京赋》，因以讽谏。”王符在《潜夫论·浮侈》篇中也指出，当时王公贵族竞相追求衣食住行的奢靡，就连奴仆都穿着华贵的衣服，富贵人家的婚嫁，铺排讲究，这让富贵者竞相攀比，贫穷者耻于俭朴，唯恐不能富贵。“今京师贵戚，衣服、饮食、车舆、文饰、庐舍，皆过王制，僭上甚矣。”基于现实，张衡托古讽今，认为过度奢靡，一味追求奇珍异宝和物质利益有损德行，希望改变这种社会现状。其中的《东京赋》卒章显志，铺写天子盛德，明亮光辉，教化百姓，人民安乐，弃末返本，怀柔远方，进而议论褒贬："若乃流遁忘反，放心不觉，乐而无节，后离其戚。"如果随波逐流、纵情享乐、行事无度，却不能自悟，则有灾祸之忧。其立意无疑是"惩奢劝俭"，目的是使国家实现生活丰裕、上下和乐、物产丰盛、民心团结。

除了《二京赋》，张衡还写了《南都赋》。这篇赋主要铺叙了南阳的地理位置、宝藏矿产、山岳峰峦、树木禽兽、川渎水产、祭祀礼俗等。作者以满腔的热情、严肃的态度、全面的角度、生花的妙笔，酣畅淋漓地赞颂了南阳，寄托了他对家乡的真情挚爱。鲍德在南阳当了九年太守，公元 108 年被调到洛阳，升任大司农（汉代中央管理田赋税收的官员）。张衡没有跟随鲍德去洛阳，而是在家乡继续潜心问学。

从此，张衡开始研读当时哲学家、文学家扬雄的《太玄经》。这是一部研究宇宙现象和哲学的著作，也谈到了天文历算等问题。当时大多数人认为此书内容艰深，不易读懂，又是谈哲理的，所以不愿意在此花费太多的时间和精力。张衡却不这样想，他对这本书产生了极大的兴趣，并深受启发，特别是书中唯物主义和无神论的思想，让张衡有了探索宇宙奥秘的愿望。渐渐地，张衡由文学创作转向了对哲学和宇宙现象的探索，从一位文学家逐渐转变为科学家。

张衡读书善于吸取精华，并为自己所用，这是值得我们学习的。另外，张衡研究问题的态度十分认真，无论问题大小，他都不轻易放过，一定要弄明白才肯罢休。他的朋友崔瑗这样形容：“张衡研究学问，像大江里的水一样，日夜奔流，片刻不停。”这也是张衡能够在科学上取得巨大成就的原因。

浑天说和浑天仪

汉和帝驾崩，他不满周岁的儿子刘隆登上皇位，邓绥为太后临朝称制。刘隆夭折，邓太后立刘祜为帝（安帝），仍然临朝秉政。

邓太后是一位有抱负的女强人，自幼酷爱读书。她当了皇后以后，仍手不释卷。当了太后之后，她利用女才子班昭入朝续写《汉书》的机会，让班昭为她讲解历史，从而懂得了许多治国的道理。邓太后对当时的社会之弊、世俗之薄有着一定的认识，她了解到张衡与自己的理念一致，便征召他入朝为官。

公元 111 年，张衡来到洛阳，在尚书台当郎中，这是一个负责起草文书的职位。三年以后，他被升为尚书侍郎，不久又做了太史令。

太史令的一个职责就是掌管天文历法，观测天象。朝廷凡有祭祀活动，都由太史令挑选“良辰吉日”，有什么“吉祥”的征兆或是灾异事件，也都由太史令记录后报告给皇帝。张衡对天文历法本来就有很大的兴趣，也有着一定的见解，担任太史令一职为他进一步研究天文历算提供了方便的条件。

当时，对于天体宇宙的构造，有盖天说、浑天说等学派。盖天说朴素直观地看待大自然，认为天是圆的，地是方的，不管走到哪里，地总是平的，一块一块被天盖着。张衡觉得这一说法站不住脚，因为盖天说对大自然的许多现象都无法解释：为何太阳总是从东方升起，从西方落下？太阳从哪里又回到了东方？仰望星空，只能看到二十八宿的一半，另一半上哪儿去了？立于山上看日出，太阳总是从地平线下跃出，这是为什么？张衡心中的疑问，使他认为盖天说站不住脚，而浑天说比较合乎实际。浑天说认为：天像一个蛋壳，地像蛋黄，居于天内，日月星辰都在蛋壳上不停地转动。张衡以此为基础，加上自己的观察和理解，创造了一套新的、在当时较为合理的浑天说。

张衡给我们留下了两部天文学史上具有很高地位的著作，一是《灵宪》，二是《浑天仪图注》。他的浑天学说主张天是圆的，宇宙是无限的。他还找出了太阳运行的规律（实际是地球围绕太阳运行的规律），并指出了赤道、黄道、北极的地理位置，从而解释了夏季日长夜短、冬季夜长日短的原因。

此外，张衡还提出“向日禀光，月光生于日之所照”。意思是，月亮本身不会发光，月光是太阳光照在月亮上的反射，这完全是科学的。他对月亮的盈缺也做出了解释：月亮是绕着地球不停旋转的，当月亮转到地球和太阳中间时，向着地球一面由于得不到太阳的光，且月亮本身又不会发光，因此一片黑暗，我们在地球上就看不见月亮了，这一天就是阴历的每月初一，叫作“朔”；到了阴历的每月十五或十六，月亮转到地球的另一面，这时候地球处在太阳和月亮中间，月亮被太阳光照亮的一面正好面对地球，于是我们就能看见一轮满月，这一天叫作“望”（十五）或“既望”（十六）。

不仅如此，张衡还根据浑天说创制了远超前代的、世界上第一架能够比较准确测定天象的浑天仪。应该说，张衡的浑天仪是个完整的系列，包含三项发明创造。

一是两个漏壶。左壶为夜，上立一个金铜仙子；右壶为昼，上立一个胥吏。仙子和胥吏都是一只手抱箭、一只手指时刻，这样看时辰一目了然。

二是浑象。浑天仪是一个铜铸的球体，有内圈和外圈之分：内圈有南极和北极、赤道和黄道。赤道和黄道的相交夹角是二十四度（相当于现在的23°42′），在赤道和黄道上，各列有二十四节气。外圈有二十八宿、太阳、月亮、五大行星轨道和许多恒星。

三是瑞轮蓂荚。这是张衡制造的机械日历。它在水的推动下，不断生荚和落荚，从朔日开始每日生一荚，从月缺到上弦月，直到月圆；从望日开始每日落一荚，伴下弦月，直到晦日止。即使是小月二十九日，也能巧妙地表示出来。瑞轮蓂荚堪称世界上第一台机械台历。

以上三项发明被西方誉为中国的天文钟。

浑天仪的问世打破了天圆地方说，明确指出地球不仅是圆的，而且在不停地运动着，通过地球的运动，能把地球和天空的自然现象演示出来，这在人类认识大自然的过程中，是一次质的飞跃，张衡也因此成为世界上破解天地奥秘的第一人，中国古人的智慧和创造能力于此可见一斑。

候风地动仪

我们对张衡的认识，主要还是因为他发明了地动仪。

东汉是我国历史上地震的高发期，据统计，从公元96年到公元125年，共发生全国性的大地震二十余次，尤其是公元119年发生的两次大地震，都造成了很严重的灾害。当年初春发生一次，导致洛阳等四十二个郡国土地崩裂，大水涌出，城郭毁坏，房屋倒塌，死了许多人。到冬季又发生了一次，有八个郡国受灾，情景非常惨烈。

大地震造成的生命财产损失为张衡亲眼所见，百姓惶恐不安、痛苦欲绝的场面，令张衡痛心不已。地震威力之大，破坏力之强，是人们想象不到的，但当时人们对地震的认识大多停留在“天人感应”说上。据《春秋繁露》载："国家之失，乃始萌芽，而天出灾害以谴告之。谴告之而不知变，乃见怪异以惊骇之；惊骇之尚不知畏恐，其殃咎乃至。"人们大都认为地震是上天的旨意，是神秘不可知的。张衡却认为地震是由阴阳失调引起的，而阴阳失调是可以调整的，所以可以把灾害造成的损失降到最低。于是，他开始研究这个问题，最终在公元 132 年发明了世界上第一台测量地震方位的地动仪。只可惜，这台地动仪不知在什么时候毁失了。

据《后汉书·张衡传》记载："复造候风地动仪。以精铜铸成，员径八尺，合盖隆起，形似酒尊，饰以篆文山龟鸟兽之形。中有都柱，傍行八道，施关发机。外有八龙，首衔铜丸，下有蟾蜍，张口承之。其牙机巧制，皆隐在尊中，覆盖周密无际。如有地动，尊则振龙机发吐丸，而蟾蜍衔之。振声激扬，伺者因此觉知。虽一龙发机，而七首不动，寻其方面，乃知震之所在。验之以事，合契若神。"

王羲之

良吏与书圣

王羲之（303—361，一说321—379），字逸少，琅琊临沂（今山东临沂市）人，东晋著名书法家。《晋书》卷八〇有专传，其事迹在《世说新语》等著作中也有记述。出身望族的王羲之，有才华、有理想，因为性格洒脱，成就了『东床快婿』的佳话；他为官三十余年，历任秘书郎、宁远将军、会稽内史、右军将军等职。他勤政爱民，提出了不少有益于国计民生的建议，可惜未被当政者采纳。忧愤之余，他毅然辞官归隐。王羲之最为人们所称道的，还是在书法方面的造诣。他广采众长，心摹手追，自成一家，兼善隶、草、楷、行各体，影响深远；代表作《兰亭集序》被誉为『天下第一行书』，他本人则被后世尊为『书圣』。

他被后世尊为“书圣”，是“东床坦腹”的主人公，唐太宗曾亲自为他的传记写“传论”。他就是东晋著名书法家王羲之。

从一片“牛心炙”谈起

王羲之出身于魏晋名门琅琊王氏，他的父亲王旷，做过淮南太守。大家可能对王旷不太熟悉，但说起王羲之的两位伯伯，就一定有所耳闻，他们就是王导和王敦。特别是王导官至太傅，拜丞相。当时有“王与马，共天下”之说，这里的王指的就是以王导为首的王氏家族，马是东晋皇室司马家族，可见当时琅琊王氏的势力是很大的。

据史书记载，王羲之幼年时并没有显露出不寻常的才智，甚至有些涩讷，就是比较害羞，说话也不太流畅。十三岁时的一次经历，让王羲之有了彻底的改变。

一次，王羲之和家人去拜谒当时的名士周顗（yǐ）。周老先生官拜礼部尚书，德高望重，受到很多人的尊敬，他识才、爱才，竭尽全力推举人才。由于他在朝廷有“一言九鼎”的作用，因此经他褒奖、推荐得到重用的人有很多。

这一天正赶上周顗宴请宾客，他见到王羲之时“察而异之”，觉得这个孩子不一般。经过交谈，更感到王羲之才学超群，将来必成大器。“牛心炙”即烤牛心，在当时是一道名贵的菜肴，用“牛心炙”来待客具有礼仪性质，说明客人的尊贵。而且按照习惯，主人先请谁品尝这道菜，谁就是宴席上最尊贵的客人。周顗在众多客人还没有动筷子之前，就先割了一片烤牛心给王羲之，这一举动震惊了满堂宾客，大家顿时对面前这位“默默无闻”的孩子刮目相看。

王羲之受到如此礼遇，因此名声广播。从此，他对自己充满了信心，举止谈吐都变得从容大方起来，和幼时判若两人。王羲之的改变，既说明自信对一个人的重要性，也使我们认识到他人的鼓励和期许对一个人成长的积极作用。

其实，王羲之与当时出身望族的纨绔子弟不同，他有理想，也有才华。少年时的王羲之便得到了家族的肯定。当时主簿阮裕有名望，是一位博学多才、仗义豪爽、“兼有诸人之美”的青年。王敦曾对王羲之说：“汝是吾家佳子弟，当不减阮主簿。”可见对王羲之的器重。

“坦腹东床”造就的婚姻佳话

“东床快婿”“东床娇婿”都是对“女婿”的美称。若追究这个词的来历，就得说到王羲之的一段婚姻佳话了。

当时，官至太尉、为人正直的郗鉴年逾半百，但家中还有一个女儿尚未出嫁，此女名叫郗璿。父亲郗鉴想物色一位合适的女婿，以解决女儿的婚事。

东晋时期，婚姻往往讲究门第。王氏家族门第显赫，而且人才济济，丞相王导的子侄有十余人。郗鉴考虑，如果能从中选取一位作为女婿，岂不美哉！

于是，郗鉴派使者给王导带信，想在王氏子弟中找个女婿。王导对郗鉴的使者说：“你到东厢房去随意挑选吧。”使者回去以后，向郗鉴报告说：“王家的儿郎们都不错，听说要来挑选女婿，个个都很矜持，只有一个人在东面的床上露着肚皮躺着，还吃着东西，好像若无其事的样子。”郗鉴听后，说：“就是这个人了。”询问之下，才知道此人就是王羲之。于是，郗鉴就把女儿嫁给了他。郗鉴看重的就是王羲之的自然洒脱。

郗璿是一名很有教养的贤淑女子，自幼受到了良好的家庭教育，是当时有名的才女。她的书法卓然独秀，被称为“女中笔仙”。婚后，郗璿作为贤妻良母，为王羲之抚养子女，与王羲之探讨书法艺术，王羲之能够成为著名的书法家，郗璿起了十分重要的作用。二人的这段婚姻佳话也传颂至今。

勤政爱民的“王右军”

王羲之步入仕途，最初的官职是秘书郎，主要负责整理和校阅皇家的图书。后来，他应西征将军庾亮之请，赴武昌任参军、长史，咸康二年（336 年）任临川太守。据《晋书·王羲之传》记载：“亮临薨，上疏称羲之清贵有鉴裁。迁宁远将军、江州刺史”。

永和四年（348年），殷浩总揽朝政，委任王羲之为护军将军。护军将军的权力很大，不但管理一支保卫皇帝和京师的军队，而且其下还有属官，若受命出征，还可以设参军。王羲之在这个职位上恪尽职守，并关心士卒的疾苦。他曾颁布一道名为《临护军教》的命令，大意是：现在的军营里要公役均平，我委派忠于职守、谨慎公正的人到各营，你们对自己遇到的困难可以畅所欲言，军营中如有老弱多病、不能温饱或无法养家者，都要区分不同的情况予以安置。但是，护军之职往往疲于奔命，有时要去江州，有时要到苏浙。王羲之因此请求调职，但朝廷没有答应，直到他出任会稽内史、右军将军。这是王羲之担任的最后一个官职，所以他又有着“王右军”之称。

然而，当时官场上的明争暗斗为王羲之所厌恶，他又绝不会向朝中的达官显贵谄媚求荣，政治上的不得志使他下定决心辞官退隐。永和十一年（355年）三月，王羲之称病弃官。他在自己的住所建书楼，植桑果，教子弟，赋诗文，作书画，以放鹅弋钓为娱，直至病逝。王羲之去世后葬于浙江剡县（今浙江绍兴嵊州市）金庭瀑布山南麓。如今该地还留有“晋王右军墓道”石牌坊及“晋王右军墓”碑亭。

在一般人眼中，王羲之是书法家、艺术家，殊不知他在做官的三十余年中，对治国从政也有着自己的见解，提出过不少改革弊政的措施，是一位热爱百姓的官员。

针对朝廷存在的弊端，王羲之从宏观到微观、从大政方针到具体实施策略发表了一系列见解。不仅如此，他还在自己的职责范围内，采取了许多切实可行的措施，既为百姓办了许多实事，也为稳定时局做出了一定贡献。他在《杂帖》中说：“政自当豁其胸怀，然得公平正直耳。未能忘己，便自不得行。”一位胸怀宽大、一身正气，具有忘我精神的古代官员形象跃然纸上。

王羲之曾对朋友说，有的官员不肯多为百姓做事，常常“当一天和尚撞一天钟”，任期一到就拍拍屁股一走了之，这叫什么父母官？就在他任会稽内史期间，有一年发生了灾荒，老百姓只能以草根、树皮充饥，不少人贫病交加，在死亡线上挣扎。面对这一严重灾难，王羲之心急如焚。这时，有人提出由官府拿出一点钱和粮来救济灾民，但这显然是杯水车薪，解决不了根本问题；还有人提出从外地运粮到会稽来，但远水救不了近火，难解燃眉之急。王羲之巡视了郡境之地，断然决定打开几座大粮仓来赈济灾民。有属官急忙阻止，仓库的粮食是百姓交给朝廷的赋税，用不得！擅自开仓放粮，是要杀头的！王羲之反问，粮食是百姓缴纳的，如果百姓逃荒的逃荒、饿死的饿死，以后有谁来交粮纳税呢？救百姓要紧，至于后果就顾不得那么多了。

庆幸的是，事后朝廷并没有对王羲之兴师问罪，其原因大致有二：其一，王羲之在危急关头开仓赈济，救活了很多人，对社会稳定起到了积极作用。而且，在执行这一举措时，官员没有营私舞弊的行为。其二，王羲之关心百姓，在会稽很得民心，威望很高。

对于贪官，王羲之的态度是严加惩办。一次，他视察地方时，发现仓督监耗盗官米，动以万计。所谓“耗”，就是消耗，即因管理不善，被虫、鸟、鼠偷吃以及发霉变质等损耗，这在古代是有规定标准的，如果超出了范围，就是仓督监的失职；如果仓督监自己盗窃官米，就属于违法乱纪了。盗窃官米会导致国库空乏，这是一件关系国家经济、涉及国家安全的大事。王羲之主张对这些奸吏均给予重判，从而起到“杀一儆百”的作用。

此外，王羲之还注意到漕运于国于民均有大的益处，如遇灾年就能以粟就人，而不是以人就粟了。百姓可以在自己的土地上抗灾自救，以免跋涉之苦，这对保护劳动力、发展生产无疑是有利的。有鉴于此，王羲之毅然向朝廷建言复开漕运，并提出了实施办法。他希望朝廷将开漕运的事尽快决定下来，并委派专人实施，年终以此考核政绩，如不能完成任务且政绩很差，就可以治罪，或降职。

对于“愦愦之政”，王羲之也是极力反对的。什么是“愦愦之政”？这就要说到王羲之的伯伯王导了。王导辅政期间豪强横行，官吏贪赃枉法，百姓苦不堪言。而王导对此却采取容忍宽恕的态度，有时仅惩办一些下级官员敷衍了事。人们对此非常愤慨，称王导的治国方略为“愦愦之政”。“愦愦”是贬义词，糊涂、昏乱的意思，也就是说，王导施行的是昏乱之政。王导之所以这样做，虽然和当时的社会背景不无关系，但其造成的后果绝对是恶劣的，以致有人曾想起兵讨伐王导。王羲之虽然是王导的侄子，但对王导辅政下的时局极为不满，他极力主张惩办贪官污吏和不称职的官员，以此振奋朝纲。

应该说，王羲之的建议和主张都是有利于国计民生的，也是符合实际的，然而未被当政者采纳，他的内心自然非常忧愤，这也是他决定辞官的一个重要原因。

一代“书圣”

王羲之最为人们所称道的，还是在书法方面的造诣。

王羲之自幼爱好书法，他的父亲王旷也是位书法家，善行书、隶书。受到良好书学熏陶的王羲之，据说在七岁时就能写一手好字，十二岁时就从父亲那里找来东汉书法家蔡邕的《笔论》读。

少年王羲之曾向卫夫人学习书法。卫夫人名铄，是汝阴太守李矩的妻子。她师承钟繇，深得其法，擅长隶书、楷书，唐人称她的书法为“碎玉壶之冰，烂瑶台之月”“插花舞女，低昂芙蓉”，又如“美玉登台，仙娥弄影”。卫夫人向王羲之传授了钟繇之法以及她自己酝酿多年的书风与法门。现代著名学者、书法家沈尹默曾说：“羲之从卫夫人学书，自然受到她的熏染，一遵钟法，姿媚之习尚，亦由之而成。”

后来，王羲之从卫夫人的书学方法中跳脱出来。据传为王羲之撰写的《题卫夫人〈笔阵图〉后》做了这样的记述："羲之少学卫夫人书，将谓大能。及渡江北游名山，比见李斯、曹喜等书；又之许下，见钟繇、梁鹄书；又之洛下，见蔡邕《石经》三体书；又于从兄洽处，见张昶《华岳碑》。始知学卫夫人书，徒费年月耳。羲之遂改本师，仍于众碑学习焉。"从这段话中，我们可以看到王羲之不断开拓视野、广闻博取、探源明理的学书经历和用心。

关于他"东床坦腹"之事，还有一种说法就是，当时王羲之沉迷于书法，因为天气太热便随手脱掉外衣，袒胸露腹，躺在床上再三赏玩蔡邕所书的古碑拓片，早就把相亲的事忘光了。

经过不断的学习、创新和练习，王羲之的书法水平达到了登峰造极的地步，张怀瓘《书断》卷中记载："（王羲之）尤善书草、隶、八分、飞白、章、行，备精诸体，自成一家法。千变万化，得之神功。"一般而言，一位书法家一生能够精于一种字体已属不易，而王羲之擅长诸体，可谓是古今书家之最，被后世尊为"书圣"，也是实至名归。

对于王羲之的书法艺术，历来评价很高。梁武帝萧衍曾说："王右军书，字势雄强，如龙跳天门，虎卧凤阙。"唐韦续撰《墨薮》说："王羲之书若壮士拔剑，拥水绝流。头上安点，如高峰坠石；作一横画，若千里阵云；捺一偃波，若风雷震骇；作一竖画，如万岁枯藤；立一倚竿，若虎卧凤阙；自上揭竿，如龙跃天门。"

今天看来，王羲之的书法作品具有从容衍裕、气象超然、不为法拘之美，这源于他心灵的纯净、潇洒的态度以及超然的品性，这种美完全是从他心中自然流露的，有着本真的魅力。

说到王羲之的书法作品，最为我们熟知的便是《兰亭集序》了，它被誉为"天下第一行书"，甚至成为王羲之书法艺术的代名词和象征。

东晋穆帝永和九年（353 年）三月三日，王羲之和谢安、孙绰等四十余位友人相约到会稽山阴兰亭"修禊"。所谓"修禊"是古代的一种祭祀活动，用以祈福、消除灾疠。当时，这些文人聚在一起，作曲水流觞之饮，并应景赋诗。后来，王羲之将友人的诗收集在一起，并乘着酒兴用茧纸（麻纸的一种）、鼠须笔信手写成一篇序言，即《兰亭集序》。这幅作品历来被认为是最为纯正典雅的行书范例，历代文人书家均加以效法。据说，日后王羲之想写得再好一点，然而“书百数十本无如祓禊所书之者”。其实，书法创作和其他文艺创作一样，均是在特定的氛围、条件下产生的艺术效果，有时重复一遍则很难再现原来的面貌。

唐太宗曾广搜王羲之的字画，在他得到《兰亭集序》后，便命人临了数本分赐给皇太子、诸王和近臣。后来，这幅作品随唐太宗一起入葬昭陵。唐太宗曾这样称赞王羲之的书法：“详察古今，研精篆素，尽善尽美，其惟王逸少乎！”

关于王羲之学书、习书的趣事轶事也有很多，体现了他对书法艺术的追求、书法造诣的高深以及精益求精的态度。这里不妨试举几例。

第一例是民间有王羲之爱鹅的传说。一次，他所在的会稽郡有一位老婆婆养了一只善于鸣叫的白鹅，很惹人喜爱，王羲之便让人去买来，不料老人不肯出售。无奈之下，王羲之只好经常去看这只鹅，老人对此百思不得其解。后来，王羲之又派人前去说服老婆婆，可老人还是不答应。那人只好明白地告诉老人，是王羲之想买这只鹅。当时王羲之的大名可谓妇幼皆知，老人喜出望外，又听说王羲之要亲自来拜访，更是高兴。第二天，王羲之带了不少礼品登门求鹅，不料老人为了招待这位“名人”把鹅杀了。王羲之不见白鹅，又得知鹅已被杀，心里很不是滋味，伤心地离开了。他回家后“叹息弥日”。

还有一次，山阴有一位道士养了许多白鹅，王羲之见了非常喜爱，就向道士购买。道士说：“你给我写一本《黄庭经》(《黄庭经》是魏晋时期流传的道家养生修炼之书,《晋书·王羲之传》误作《道德经》)，我就把鹅赠给你。”这是让王羲之以抄写经文作为交换条件。王羲之爱鹅成癖，因此欣然同意。他怀着虔诚之心用了半天的时间，工工整整地抄完经文，十分高兴地“笼鹅而归”。

那么，王羲之为什么如此爱鹅呢？后世学者常从书法的角度揣测其缘由。鹅，洁白的羽毛，红额红爪，煞是好看，加上或引颈高歌，或张开双翅，也许给王羲之习书带来了启迪，使他从中领悟到了点画运笔的技法。北宋陈师道在《后山谈丛》中便说：“逸少非好鹅，效其宛颈耳，正谓悬手转腕。而苏公（即苏轼）论书，以手抵案，使腕不动为法，此其异也。”陈师道认为，王羲之作书时悬肘悬腕，腕臂就好像鹅颈一样伸缩自如，故往往能得天趣。清代包世臣在《艺舟双楫》中则说："其要在执笔。食指须高钩，大指加食指、中指之间，使食指如鹅头昂曲者。中指内钩，小指贴（无）名指外拒，如鹅之两掌拨水者。故右军爱鹅，玩其两掌行水之势也。"即执笔时食指如鹅头那样昂扬微曲，运笔时则像鹅掌拨水，这样才能将力量集中于笔端。

第二例是他书扇济贫的事。王羲之为官期间，经常深入百姓中访察民情。有一次，他看到一个老妇人在卖竹片编成的扇子。由于当地百姓普遍贫穷，虽然这种扇子非常便宜，但还是无人问津，老妇人因此满面愁容。王羲之看到这一情景，心中很不是滋味，于是他找来笔墨在老妇人出售的所有扇子上都写了五个大字。王羲之当时已是大名鼎鼎的书法家，虽不说是一字千金，但想求他的字也不容易。但老妇人不认识王羲之是谁，只被这位官人突如其来的举动惊呆了。王羲之跟她说："但言是王右军书，以求百钱邪。"老妇人半信半疑地照他的话去办，果然人们争相购买，不一会儿扇子便销售一空。第二天，老妇人又带了一批竹扇来，想再求王羲之书写。王羲之对此哭笑不得，只好东躲西藏。据说如今浙江绍兴的“躲婆巷”就是王羲之躲藏的地方。

这个故事，既说明王羲之书法的精妙，为人们所喜爱，也说明作为地方官的他，有着一颗爱民之心。

在王羲之的儿子中，王献之的书法成就最高，后世有着“二王”之称。孙过庭在《书谱》中写道：“夫自古之善书者，汉魏有钟（繇）、张（芝）之绝，晋末称二王（王羲之、王献之）之妙。”古往今来的评论家，在评述王羲之时会联系王献之，在评述王献之时又会联系王羲之，将他们父子的书法进行对比。

说到王羲之、王献之父子书法的传承之处，最主要、最明显的一点就是清新超逸、神姿高彻、出尘脱俗、率性而为，不受任何束缚。一言以蔽之——潇洒。当代作家王蒙曾说：“潇洒也是一种心态，一种精神，一种拿得起放得下的豁达，是一副饱经沧桑而又自得其乐的欢愉。潇洒也是一种风度，一种胸襟，一种大度，一种精神的解放，一种从必然王国到自由王国的飞跃。”王羲之、王献之怀着这种心态、精神、风度创作出的书法作品，必然会给人带来轻松愉快的美的享受。

陶渊明

不为五斗米折腰

陶渊明（365—427），字元亮，一说名潜，号五柳先生，私谥靖节，浔阳柴桑（今江西九江西南）人，东晋末至南朝宋初期著名的诗人和辞赋家。其主要事迹记载在《宋书·陶渊明传》《晋书·陶渊明传》《南史·陶渊明传》，以及他自己创作的《五柳先生传》中。陶渊明是东晋开国元勋陶侃的曾孙，先后在桓玄、刘裕、刘敬宣手下任职，最后一次出仕为彭泽县令，只八十多天便弃职而去，从此归隐田园。应该说，在晋末最动荡的时期，陶渊明曾立志投身于社会，试图有所作为，后逐渐知其不可为，最终永归田园。陶渊明留给后人的除了《桃花源记》《归园田居》《归去来辞》等诗赋名篇外，还有他那高洁、刚直不阿、不同流合污的品格。

少年立志

陶渊明于东晋哀帝兴宁三年（365 年）出生在浔阳柴桑（今江西九江西南），是东晋末期至南朝宋初期著名的诗人和辞赋家。

据史书记载，陶渊明的曾祖父陶侃是东晋王朝的开国元勋，官至大司马，封长沙郡公。陶侃一生政绩卓著，是一个重视功名、有进取精神的人。他常对人说："大禹圣者，乃惜寸阴，至于众人，当惜分阴，岂可逸游荒醉，生无益于时，死无闻于后，是自弃也。"他管辖的地区社会秩序井然。此时的陶家，算是鼎盛时期，有"家僮千余，珍奇宝货富于天府"。陶侃死后，他的子孙们有的因罪被诛，有的因兄弟之间互相残杀而亡，家境因此日渐衰落。陶渊明的祖父陶茂，做过武昌太守；陶渊明的父亲陶逸，做过安城太守。然而，陶茂不是陶侃的长子，不能接替陶侃的爵位，因此从陶茂开始，陶家的政治和经济地位逐渐衰落。

陶渊明可以说是不幸的，因为在他八岁时父亲陶逸就去世了，这使得陶家的生活更加艰难困窘了。他自己的形容是："环堵萧然，不蔽风日，短褐穿结，箪瓢屡空。"别人的描述是："少而贫苦，居无仆妾，井臼弗任，藜菽不给。"然而，生活在这样一个经济拮据家庭中的陶渊明并没有自暴自弃，他自幼博览群书，学过《老子》《庄子》，受到道家思想的影响崇尚自然，知道有所为有所不为。他对儒家的经典也下过功夫，在《饮酒》诗中说："少年罕人事，游好在六经。"在《癸卯岁始春怀古田舍》中说："先师（指孔子）有遗训，忧道不忧贫。"受儒家思想的影响，使陶渊明有了"大济苍生"的伟大抱负和信念，同时也立下了"忧道不忧贫""富贵不能淫，贫贱不能移，威武不能屈"的人生原则。他在《杂诗·其五》中说："忆我少壮时，无乐自欣豫。猛志逸四海，骞翮思远翥。"这体现了青年时期的陶渊明乐观奋发的进取精神。

初任祭酒

早想建功立业的陶渊明，直到二十九岁时才出来做官，在当时来看，应该算是比较晚的了。他人生第一次为官，做的是江州（今属江西）的州祭酒（掌管教育的官员）。他在《饮酒》诗中说："畴昔苦长饥，投耒去学仕。将养不得节，冻馁固缠己。是时向立年，志意多所耻。"意思是，当初由于饥寒交迫，没办法养活一家老小，于是在接近三十岁的时候，忍受着耻辱放下农具，出去做官。也就是说，陶渊明这次做官的主要原因是生活贫困，要挣钱维持生计。但是，从陶渊明早期的思想经历来看，他这次做官是受了儒家"学而优则仕"以及"用世"思想的影响，不单单是为了生计，更多的应该是为了施展自己的政治抱负。因为，毕竟他祖上三代都是做官之人，陶渊明自己也想让当时已没落的陶家重新振兴起来。

然而，令人意想不到的是，陶渊明在江州祭酒这个职位上没做多长时间就辞职不干了。原因是"不堪吏职"，就是承担不了"祭酒"这个职务。我们不禁要问，陶渊明幼年好学，读书很多，做州祭酒这样负责教育的职务应该说是正合适，怎么会承担不了呢？而且，陶渊明那么想施展自己的抱负，好不容易才做了官，为什么很快就辞掉了呢？这恐怕与当时政治的腐败和陶渊明的性格有关系。陶渊明生活的东晋王朝是门阀世族统治、等级制度森严的时代，唐代诗人刘禹锡的《乌衣巷》有一句："旧时王谢堂前燕，飞入寻常百姓家。"这里的旧时指的就是东晋时代，王谢是当时两大豪门望族。陶家在当时已经没落，政治上没有势力，因此即使做官也只能是低级官吏，不可能被重用，这使得陶渊明空有一腔抱负而无法施展。另外，当时的东晋王朝虽然偏安江左，但统治者不思进取，过着纸醉金迷的生活，官场上也是尔虞我诈、腐败横行。而陶渊明"少有高趣"，不肯谄媚逢迎，对官场胡作非为的现象更是看不惯。这两个因素加在一起，直接导致了他"少日自解归"。

短暂归附桓玄

桓玄是东晋权臣桓温的小儿子，桓温去世的时候桓玄才五岁，长大后袭了父亲的爵位并做一些小官。后来，他凭借父亲的威望，又利用东晋皇族和各世族之间的矛盾逐渐扩大自己的势力，当时许多名流人物都归附桓玄。

陶渊明辞去祭酒的职务后，在家居住了六七年，仅依靠田园的收入，生活仍旧很拮据。他的外祖父孟嘉曾做过桓温的长史，桓温虽是野心家，却有恢复中原、重新统一中国的雄心，这一点陶渊明应该是知道的。看到当时许多名流人物都归附桓温的儿子桓玄，又觉得桓玄应该继承了他父亲的雄心，陶渊明决定也去归附桓玄，实现自己“大济苍生”的理想。

陶渊明来到桓玄手下做事的时候，正是桓玄野心勃勃大肆扩充自己势力的时候。桓玄一方面树立心腹，招兵买马，并制造种种所谓祥瑞的征兆来煽惑人心，为自己篡夺帝位做准备；另一方面借口孙恩之乱，屡次上表请求出兵勤王，为的是借此机会刺探皇室的虚实，以便找到合适的时机实现自己篡夺帝位的野心。

作为桓玄的手下，陶渊明对他只图私利的这些举动看得清清楚楚，对他这个人的品格和作为大为失望。特别是在桓玄这种野心家手底下做事，如果不做他的心腹，往往就会遭受打击和排斥，甚至有被阴谋陷害的危险。陶渊明这样的人，当然不愿意与桓玄同流合污，此时的他又萌生了辞官隐退之意。他在《辛丑岁七月赴假还江陵夜行涂口》一诗中说："商歌非吾事，依依在耦耕。投冠旋旧墟，不为好爵萦。"明显地表露出他不顾爵禄荣利的诱惑，决定辞官归田的打算。

公元 401 年的冬天，陶渊明的母亲孟氏去世了，于是他以此为借口辞去官职，重新回到了田间。

东晋安帝元兴二年（403 年）春，野心勃勃的桓玄攻入都城建康（今江苏南京），诛杀了权臣司马道子及其子司马元显后自居为相国，声势烜赫。此时的陶渊明已经在家里开始了躬耕的生活。事情还没有结束，不久桓玄篡位成功，改国号为楚，把晋安帝迁到了陶渊明的家乡浔阳。看到自己昔日归附的主上如今"风光满面"，陶渊明会不会心生悔意呢？他会不会觉得自己当初如果继续留在桓玄手下做事，现在也可以身居高位、衣食无忧了呢？答案是否定的。陶渊明并没有感到懊悔，他大概明白不义之举终不会得到好的下场。他在给其叔伯弟弟敬远的诗中，就对桓玄称帝之事不屑一顾，同时表现出了自己光明磊落的气节。

辞官刘裕，终身归隐

陶渊明是一个有理想、有抱负、有事业心的人，这在前面已经反复强调过了。公元 404 年，陶渊明已经四十岁了，孔子说："四十五十而无闻焉，斯亦不足畏也已！"陶渊明虽然离开了桓玄，但他对自己的前途并没有绝望。他还写了《荣木》这首四言诗来勉励自己，其中说道："四十无闻，斯不足畏。脂我名车，策我名骥。千里虽遥，孰敢不至？"表示自己并不甘心"四十无闻"，还想驱车策马，不远千里地寻找发挥自己才能的机会。

果然，这个机会很快就来到了。

前面讲到桓玄不仅攻入建康还篡夺了帝位。这之后，他变得越来越残酷和专横，作威作福，从而引起下面很多人的不满。不久，一个新的人物崛起了，他就是下邳太守刘裕（南朝宋的开国皇帝）。刘裕纠合了文武官员中反对桓玄的各方力量，从京口（今江苏镇江市）起兵讨伐桓玄。最终，桓玄兵败逃走。刘裕兵入建康后，被文武臣僚推为镇军将军、都督八州军事、徐州刺史，统率各方军力继续讨伐桓玄。

此时的刘裕，作风颇不同于桓玄。当时，东晋王朝长期存在“百司废弛”的腐化局面，但刘裕以身作则，下达了威严的禁令，开始着手整顿。一段时间后，内外百官风俗顿改。刘裕的才干由此可见一斑。

面对这样一位不同凡响的人物，陶渊明当然愿意去他那里做官。于是，他做了刘裕手下的参军（参谋军务的官员）。当然，刘裕之所以愿意收留陶渊明，可能是因为陶渊明很有预见性，能及早脱离桓玄而归隐。

然而，当陶渊明真正成为刘裕的部下之后，他又失望了，因为刘裕也不是自己理想中的人。为什么这么说呢？原来，刘裕刚刚打败桓玄时，羽翼尚未丰满，后来他为了除掉异己，先后杀害了讨伐桓玄有功的刁逵全家和无罪的王渝父子，并且出于私情把众人认为应该诛杀的桓玄的心腹王谧任用为录尚书事（总揽尚书省事务的官员）领扬州刺史，这个官职的地位是极高的。至于刘裕纵容部下所做的坏事更是不胜枚举了。刘裕的转变太快了，这让陶渊明再次有了辞官的想法，并付诸行动。

离开刘裕之后，陶渊明并没有马上回到家里，而是又做了江州刺史刘敬宣的参军。这是为什么呢？原因在于刘敬宣的驻军就在陶渊明的家乡浔阳，距离柴桑很近。他在刘敬宣手下任职，或许只为挣钱养家。不久之后，刘敬宣上表辞职，陶渊明也就跟着离职了。

经过几番折腾，陶渊明已经心灰意冷。年过四十的他深知在你争我夺、尔虞我诈的环境中要想施展抱负，就得“摧眉折腰事权贵”，就得随波逐流、失去自我，这种丧失骨气的谄媚行为，是陶渊明这样的士人做不出来的。于是他再无心做官了，准备长期归隐。

然而，令人想不到的是，就在归隐之前，他还去当了八十一天的彭泽（今江西彭泽县）县令。这又是为什么呢？据萧统在《陶渊明传》中说：“聊欲弦歌，以为三径之资。”弦歌，典故出自《论语》记子游为武城宰，孔子路过那里时闻弦歌之声。“弦歌”指的就是在小地方做官。“三径”指的是隐居之所。也就是说，在隐居之前陶渊明想在一个小地方做官，以筹备退隐后的生活费用，这个小地方就是彭泽，陶渊明当的就是彭泽县令，这也是他一生中做的最后一个官。也正是在这个官位上，陶渊明为后人留下了一句名言：“不为五斗米折腰。”

陶渊明为官清正，从不溜须拍马，生活俭朴，在做彭泽县令到第八十一天时，碰到浔阳郡派遣督邮（督察县乡等事的郡属官）来检查公务，该督邮以凶狠贪婪闻名，每年两次以巡视为名向所辖县索要贿赂，每次巡视必是满载而归，否则便栽赃陷害。督邮来到彭泽县，县吏对县令陶渊明说："当束带迎之。"就是应当穿戴整齐、备好礼品、恭恭敬敬地去迎接。陶渊明叹道："吾不能为五斗米折腰，拳拳事乡里小人邪！"意思是，我怎能为了县令的五斗薪俸，就低声下气去向这些小人贿赂献殷勤呢？说完便挂冠而去，辞职归乡，选择了终身归隐的道路。

喜忧交织的归隐生活

辞职之后，陶渊明就写了著名的《归去来辞》，表达了对今后美好生活的设想。归隐后，陶渊明过起了早出晚归、开荒种地的辛劳生活；在劳作之余，他还写了大量的诗歌，比如那首脍炙人口的"种豆南山下，草盛豆苗稀。晨兴理荒秽，带月荷锄归。道狭草木长，夕露沾我衣。衣沾不足惜，但使愿无违"。然而，陶渊明的生活也不是一帆风顺的，在归田后的第三年，他的家就遭遇了火灾，这使他的生活很快走向了下坡路。但即使这样，陶渊明也没有失去生活的信心。

四十七岁的时候，陶渊明移居到距离浔阳城不远的南村，原因是这里有一些好邻居，其中既有农民，也有“奇文共欣赏，疑义相与析”的读书人。陶渊明还分别写诗赠给他们。

五十岁以后，陶渊明的日子过得越来越艰难，而且还生了病，这期间他更经历了改朝换代。公元 420 年，东晋大将刘裕以禅让之名篡夺了晋恭帝的皇位，从此开启了南朝宋时代。陶渊明对刘裕的行为当然是不满的，特别是当刘裕派人将零陵王（晋恭帝被废后改称零陵王）杀死后，陶渊名对阴狠毒辣的刘裕更是充满了愤慨。这也表明，归隐后的陶渊明并非不问世事，而是把天下之事都装在心中，这是他和那些遁迹山林、不食人间烟火的隐士所不同的地方。

由于贫困与疾病的长期折磨，陶渊明的身体越来越差。宋文帝元嘉四年（427 年），陶渊明与世长辞，卒年六十三岁。

影响后世的品格和文学成就

陶渊明为官时的政绩在史书中记载的并不多，然而他的诗歌和辞赋创作却流传后世，至今为人们所吟诵。

陶渊明的诗歌从题材和内容上说，大致可以分为咏怀诗和田园诗两类。它们虽然都属于抒情诗，但是其思想和内容各有侧重。

陶渊明的咏怀诗（包括《杂诗》《饮酒》《拟古》《咏贫士》《读山海经》等），记录了他从出仕到归田以后的种种生活体验。这里有向往功名事业的远大抱负，有“欲有为而不能”的深刻苦闷，有安贫守节的清高志向，还有除暴复仇的强烈愿望。这些诗隐微曲折地揭露了社会现实的污浊和黑暗。但是，诗人逃避矛盾、忘怀现实、人生如梦、及时行乐等消极思想，也经常流露出来。这与我们今天的时代精神是格格不入的，在读这些作品时应该加以注意。

陶渊明的田园诗（包括《怀古田舍》《归园田居》《西田获早稻》《怨诗楚调示庞主簿邓治中》《桃花源诗》等），则表现了诗人躬耕苦作的各种体验。这里有对劳动的道德和美学意义的体会，有在劳动中和农民的亲切关系，有对农村田园景色的欣赏，也有饥寒贫困生活带来的痛苦。应该说，如果诗人没有劳苦生活经历，这些诗是写不出来的。

陶渊明的咏怀诗和田园诗往往互相渗透、密不可分。他选择归隐田园是得知自己的抱负在黑暗的社会环境中无法施展而踏上的退守之路，但是躬耕生活又使他进一步认识到了生活的艰难，社会的现实磨砺着他的道德品格，增强了他“举世皆浊我独清”的力量。

当然，从中国诗歌的发展过程来看，陶渊明对后世影响最大的还是他的田园诗。陶渊明以前，除了《诗经》的《国风》《周颂》中有几首农事诗外，几乎很难找到描写田园生活的诗歌。懂得了这个背景，我们就可以说，陶渊明几乎是在空白的荒野里开辟出了田园诗这块艺术的园地，独立地创造了田园诗的新形式，对中国诗歌的发展做出了伟大贡献。比如以盛唐的王维、孟浩然和中唐的韦应物、柳宗元为代表的山水田园诗派，就受到了陶渊明的很大影响；南宋范成大的田园诗有所发展，也是得益于陶渊明。

除诗歌之外，陶渊明在文章方面也很有成就。最著名的莫过于《桃花源记》，此文已被收入中学课本。这是陶渊明五十四岁左右作的，当时正值东晋末和南朝宋初王朝交替时期，文章寄托了陶渊明晚年的思想和理想。不难看到，陶渊明想要回到“小国寡民”的原始社会，这种乌托邦式的理想在表面看来是消极的，然而细细考究，其中却蕴含着作者的革命性和民本精神。东晋末年社会动荡，在战争的骚扰和破坏下，百姓所遇到的掠夺、蹂躏和危害十分严重，所谓“赋役严苦，贫者不复堪命”。此时的陶渊明集文人、隐退的官员和农民于一身，他把自己的理想付诸笔端写成了这篇文章。他关心民生，希望百姓能够生活于没有战乱的祥和之世，一生美满。文中所表现的对原始公社的回顾与憧憬，在当时封建社会的阶段里，乃是农民革命思想的曲折反映。

除了文学成就外，陶渊明的品格也是值得称道并影响后世的。北宋周敦颐在《爱莲说》中说：“晋陶渊明独爱菊。”其实，除了菊花外，陶渊明还喜爱松，这从他的诗中可以反映出来。如《和郭主簿·其二》：“芳菊开林耀，青松冠岩列。怀此贞秀姿，卓为霜下杰。衔觞念幽人，千载抚尔诀。检素不获展，厌厌竟良月。”菊，盛开于疾风横扫、寒霜施威的深秋季节；松，傲霜挺立，卓尔不群，抗寒成荫。当百花纷纷凋谢之际，菊、松却凛然于风霜中毫不屈服，因而二者的象征意义在于：不同流合污、高洁和刚直不阿。

前面提到，陶渊明多次做官，有两次跟随的还是有权有势的大人物（桓玄和刘裕），如果他愿意阿谀奉承，愿意溜须拍马，愿意放弃原则，他的权势会越来越大。他最后出任彭泽县令时，如果他愿意逢迎督邮，愿意牺牲百姓利益来满足自己和上级的私欲，想必他的官也会越做越大。然而，如果这么做就不是陶渊明了。虽然“济世”的抱负难以实现，但他耿介不阿、不贪图享受、不趋炎附势、不同流合污的品格却始终不变。于是，他最终选择归隐田园。对于此举，我们应该有一个正确的认识和评价：他的隐逸并非出于对人生意义虚无主义的理解；相反，他的创作和生活都反映出他对现实和人生的执着，只是往往通过较为隐晦曲折的方式表现而已。直到今天，陶渊明的这种像菊、松那样重节操的品格，仍被我们广为传颂。

祖冲之

通才科学家

祖冲之（429—500），字文远，生于建康（今江苏南京市），祖籍范阳郡遒县（今河北涞水县），南北朝时期杰出的数学家、天文学家、机械制造专家。其主要事迹记载于《南齐书·祖冲之传》《南史·祖冲之传》《畴人传·祖冲之传》中。祖冲之一生钻研自然科学，他创制的《大明历》是当时最科学、最进步的历法，并为后世的天文研究提供了正确的方法。他首次将圆周率精算到小数点后第七位数字，提出的『祖率』对数学的研究有重大贡献。他求真求实、理性批判、开拓创新、不畏权势、敢于坚持真理的精神直到今天仍值得我们学习。

我们在计算圆的周长、圆的面积和球的体积时，必须用到一个关键值，就是圆周率。圆周率是圆的周长和直径的比，现在一般用希腊字母 π 表示。在日常生活中，人们通常会取 3.14 这个近似值进行计算，但圆周率是一个无限不循环小数。提到对这个数值的研究，我们会立刻想到一个人，他就是南北朝时期的祖冲之。祖冲之首次将圆周率精确到小数点后第七位数字，这个成果直到一千年后才被阿拉伯数学家突破。

自幼爱好科学

元嘉六年（429 年），祖冲之出生在南朝宋（又称刘宋）的都城建康（今江苏南京市）。然而，他的祖籍却在范阳郡遒县（今河北涞水县）。那么，祖家为什么要从北方南迁到建康呢？这要从当时的时代背景说起。西晋惠帝时期朝廷内部爆发了“八王之乱”，导致晋室分裂、国力空虚、民生凋敝。北方的少数民族趁机起兵，纷纷建立政权，并不断南下侵扰。为了避乱，晋朝皇室和北方的广大居民纷纷南迁，进入相对安定的长江流域生活，史称“衣冠南渡”。衣冠南渡的结果就形成了南北朝对峙的局面，中国历史也进入了南北朝时期，祖家正是在这个时候南迁到建康的。

祖冲之的先祖最早见于史籍的是他的曾祖父祖台之，东晋时官至侍中、光禄大夫。在桓玄辅政时，曾受命弹劾中书侍郎范泰及前司徒左长史王准之、辅国将军司马珣之“居丧无礼”，终使范泰等罢官离职。祖台之还是一个文学爱好者，撰有一部名叫《志怪》的小说流行于当时。祖冲之的祖父祖昌曾在南朝宋任大匠卿，就是掌管土木工程事宜的官，懂得一些科学技术。祖冲之的父亲祖朔之，则以奉朝请一职为官于刘宋王朝。

南朝刘宋时代，官宦子弟多崇尚浮华，纵情于酒色，然而祖冲之却不随波逐流。他年少时便好学且淡薄功名利禄，特别是对科学技术和机械制造情有独钟。历史上流传着这样一个故事：祖冲之的祖父祖昌经常给小祖冲之讲一些科学家的事迹，其中张衡发明地动仪的故事深深触动了祖冲之幼小的心灵，让他为古代科技的发明和奥妙所折服。此外，由于祖昌是负责土木工程的官，他常常利用工作之便带小祖冲之到建筑工地玩，如何丈量，如何计算建筑物的周长和面积，建筑部件的结构是怎样的，这些问题也引起了小祖冲之的极大兴趣。可以说，祖冲之从小就受到了很好的家庭教育，他对自然科学、数学、科技、机械制造等都产生了兴趣，并下功夫去钻研，因此还是青年的他在当时已小有名气。

南朝宋的朝廷设有一个叫作华林学省的机构，相当于现在的学术机构。由于祖冲之有相当的学识和刻苦钻研的精神，朝廷就让其到华林学省专门从事研究工作，祖冲之也就当上了研究员。在这里，祖冲之除了扩充学识之外，还努力学习南北朝以前和外国传来的天文历法、科技知识，这些为他将来成为科学家打下了基础。

改革历法，制定《大明历》

南朝宋大明五年（461 年），皇族刘子鸾被任命为南徐州（今江苏镇江市）刺史，他看中了祖冲之的才华，让其在自己手下做从事史（协助刺史处理政务的官）。不久，刘子鸾兼任管理民政的长官——司徒，祖冲之随即转任司徒府的公府参军。虽然离开了华林学省，但是祖冲之并没有放松对科学的探索。

中国古代以农业立国，历法在人们的日常生活中起到了极其重要的作用。祖冲之生活的年代，朝廷采用的是何承天在元嘉六年（429 年）所制的《元嘉历》。《元嘉历》较之前的历法已经有不少改进。但是，祖冲之经过认真研究和实际观察，认为《元嘉历》还是不够精密。举例来说，我国古代历法家把 19 个阴历年叫作一“章岁”。最早的闰法就是一章岁加 7 个闰月，也就是 19 年 7 闰，这种闰法在我国实行了一千多年都没有改变。《元嘉历》用的也是这个闰法。然而，祖冲之研究认为，19 年 7 闰的历法闰数过多，和四季变化的真实情况有很大出入，且经过 200 年就会相差一天。于是，祖冲之改历法为在 391 年中设 144 个闰年，并将“岁差”这一概念应用于其中，由此编成了《大明历》。应该说，这部历法是当时最好的，也是祖冲之在天文历法方面为后人做出的贡献。

然而，在推行《大明历》的过程中，却遇到了阻碍。当时的皇帝宋孝武帝不懂历法，《元嘉历》和《大明历》哪个更好，他也不清楚，于是“下之有司，使内外博议”。当时懂些历法的人都认为《大明历》为佳，只有权臣戴法兴反对新的历法，他凭借自己仅有的天文历法知识与祖冲之辩论，说：“太阳的运动，有时快有时慢，没有一定的规律。”祖冲之回应道：“太阳的运动的确有快有慢，但有一定的规律，这是有事实为证的。”戴法兴还对“岁差”提出异议，认为“冬至所在”“万世不易”，并给祖冲之扣上了“诬天背经”的罪名。祖冲之对戴法兴提出的异议一一做了反驳。最终，戴法兴气急败坏地说：“历法是古代流传下来的，即使有错误的地方，也不能随便改。”祖冲之坚定地回答：“我将古今历法的优缺点做了研究比较，我的研究是有根据的，我们不能盲目信从古人，旧历法既然有错，就应该采用新的。”在场的很多大臣虽然都认为祖冲之是对的，但是他们畏惧戴法兴的权势，不敢多言，一些人则为了讨好戴法兴而反对新的历法。直到皇帝的另一个亲信巢尚之站出来说：“新的历法是祖冲之经过多年的研究制定的，用这个历法计算出来的月食情况与现实中的相同，可是用旧历法推算出来的结果却不符合实际情况。”

宋孝武帝听了这一言论，决定在大明九年（465 年）改换年号并实行新的历法。然而事不凑巧，孝武帝在大明八年就去世了，新继位的皇帝则把改换历法的事放在了一边。

从祖冲之创制新历法并和戴法兴辩论中，我们可以看到他尊重实践、实事求是、敢于创新的可贵精神，以及思路清晰、层次分明、因势利导、就实避虚的辩论技巧。这场辩论的实质是革新与守旧之争，是真理对权势的挑战。祖冲之在这场争辩中，表现出了不畏权势、敢于坚持真理的勇气。

将圆周率精确到小数点后第七位数字

如果说《大明历》的制定于今天的我们看来很陌生的话，那么祖冲之在圆周率方面的贡献则是众所熟知的。

我们在求圆的周长、面积和球的体积时需要用到一个常数 π，这就是圆周率。圆周率是个无理数，用任何有限的数作为圆周率的值，都只能是近似的。我国古人最初从经验中得知要用 3 来作为圆周率的值，即所谓的

"径一周三"。后来，人们在长期的实践中发现不是"径一周三"，而是"圆径一而圆周三有余"，但究竟余多少，却无人得出准确的数字。到了西汉末年，由于建筑工程、机械制造、改进度量衡等的需要，人们开始发现用 3 作为圆周率进行计算太不精确了，这就促使当时的数学家对圆周率的值进行进一步精确的计算。

在我国历史上第一个不用 3 作为圆周率的是新莽时期的刘歆，他采用的圆周率的值是 3.1547，这比以前的计算结果自然要精确一些了。到了东汉，科学家张衡曾用 3.1622 和 92/29 作为圆周率的值。到了三国末期，对圆周率的研究进入了一个新的阶段，数学家刘徽在研究容器的容积和注解《九章算术》的基础上，创造了用割圆术来计算圆周率数值的科学方法。割圆术的发明，是我国数学史上的一大成就，用这种方法得出的圆周率的数值是 3.141024，但实际计算的时候人们往往用 3.14 这个数值。刘徽又把 $\pi=3.14$ 用几何法化为 157/50，后人把 $\pi=157/50$ 称作"徽率"。

接下来的南北朝时代，祖冲之为了天文历法上的推算和考量度量衡的需要，对圆周率做了进一步的研究。他认为刘徽计算出的圆周率的值也不是很准确，于是继承了刘徽割圆术这种求圆周率的科学方法，并在此基础上继续推进。

关于祖冲之在圆周率方面的成就，有关史料仅有两条，一条出自《隋书·律历志》，另一条出自李淳风等注的《九章算术》。由于李淳风是《隋书·律历志》的编者，因此两条史料实同出一源。《隋书·律历志》相关内容是这样说的："古之九数，圆周率三，圆径率一，其术疏舛。自刘歆、张衡、刘徽、王蕃、皮延宗之徒，各设新率，未臻折衷。宋末，南徐州从事史祖冲之，更开密法，以圆径一亿为一丈，圆周盈数三丈一尺四寸一分五厘九毫二秒七忽，朒（nǜ）数三丈一尺四寸一分五厘九毫二秒六忽，正数在盈朒二限之间。密率，圆径一百一十三，圆周三百五十五。约率，圆径七，周二十二。……指要精密，算氏之最者也。"其大意是：古代的数学都认为圆的周长是3，直径就是1，这个数值是很不精确的。刘歆、张衡、刘徽、王蕃、皮延宗等虽然分别提出过新的圆周率的值，但是也没有得到让人满意的结果。到了南朝宋末年，南徐州从事史祖冲之创造出更精确的圆周率的值。他把1亿那么大的圆径算作1丈，那么比圆周长大的数是3.1415927丈，比圆周长小的数是 3.1415926 丈，圆周的长度正好在这两个数之间。密率就是 355/113，约率就是 22/7。祖冲之在数学方面所得到的结果，是当时最精密的。

祖冲之是世界上第一个把圆周率的值推算到小数点以后第七位数字的人，他在这一计算中指出了圆周率的“上下二限”［3.1415927（盈）>π>3.1415926（朒）］，并用分数 355/113 作为表示圆周率的密率。密率是分子分母都在一千以内的分数形式的圆周率的最佳近似值。用这两个近似值进行计算可以满足一定精度的要求，并且非常简便。355/113 这一密率，直到一千年后才由德国人奥托和荷兰人安托尼兹重新得到。可是，这一成果后来却被误认为是安托尼兹首先求出的，因而将其称为“安托尼兹率”。日本数学史家三上义夫主张应将这一数值改称为“祖率”，将荣誉还给中国古代这位伟大的数学家。此外，直到 15 世纪初，阿拉伯数学家阿尔·卡西才求得圆周率的 17 位精确小数值，从而打破了祖冲之保持近千年的纪录。

研究兴趣转到机械制造方面

公元 464 年，南朝宋前废帝登基，统治集团内部矛盾升级，刘子鸾被杀。失去依靠的祖冲之被调到娄县（今江苏昆山东北）担任县令。后来，又调回建康做谒者仆射，负责掌管朝廷宴会、臣子朝见皇帝及重大礼仪的礼节。随着南朝宋统治力量的削弱，政权落到掌握禁卫军的萧道成手中。公元 479 年，萧道成在建康称帝，改国号为齐，史称南朝齐或萧齐。随着处境和时代的变化，祖冲之的研究兴趣也转向了机械制造方面，其中最突出的成就就是重造了指南车、制造了水碓磨。

指南车是一种用来指示方向的车子，是中国古代独有的奇特发明。指南车中装有机械，车上装有木人，车子开行之前先把木人的手指向南方，以后不论车子怎样转弯，木人的手都始终指向南方不变。指南车究竟起源于何时，已不可考证。相传远古时代黄帝对蚩尤作战时，就曾经使用指南车来辨别方向。东汉的张衡、三国时代的发明家马钧都制造过指南车，但早已失传。公元 417 年，在东晋大将刘裕进军长安时，曾获得后秦统治者姚兴的一辆指南车，可这辆指南车只剩下了一个空架子，内部机械已经毁坏了。南朝齐高帝萧道成得知祖冲之善于发明创造，就令其重新制造一辆。经过细心推敲和反复运算、测试后，祖冲之重新制造出了指南车。据说，在萧道成的御苑里还曾举行过别有情趣的“赛车会”，轰动了朝野。只见两辆独辕的双轮车，每辆上面都高高竖立着一个木人。当车子走动时，不论向右转还是向左转，木人的手指总是指向南方。其中的一辆由于传递齿轮和机件都是铜做的，因此比另一辆木制的灵敏度高得多，使在场的观者无不为之拍手叫绝。

另外，由于祖冲之做过地方县令，他发现农民舂米、磨粉很费力，因此制造了一种粮食加工工具——水碓磨。顾名思义，水碓磨是利用水的冲击力量带动机械运转的。西晋初年的杜预曾发明连机碓，即在水流很急的地方装一个大水轮，轮轴长数尺，上面安有一列横木，水力推着轮子转动的时候，轴上的横木能带动好几个石杵一起一落地在石臼里舂米。此外，他还创造了水转连磨，用水力带动石磨磨粉。祖冲之的水碓磨就是在连机碓和水转连磨的基础上改进而成的，他把水碓和石磨结合起来，不仅减轻了农民的负担，还提高了生产效率。

由于南方水资源丰富，河道众多，祖冲之因此注意研究水上交通机械。他设计了一种千里船，一天能走一百余里。

从上面这些事例来看，祖冲之在机械制造方面也取得了相当大的成就。

祖暅：祖冲之事业的继承者

南朝齐后期，朝廷内乱不断。此时，步入晚年的祖冲之开始关心政治。南朝齐明帝时期（494—498），祖冲之被任命为长水校尉，为守卫京城的禁卫军将官。此前祖冲之一直担任的是文官，这次调职武官说明他对国家安危的重视。在任职期间，他写了《安边论》一文，主张开垦荒地、发展农业，以增加财政收入，从而巩固边防。应该说，这是一份很中肯的建议书。然而，由于内乱和战争，祖冲之的这些建议在当时的南朝齐内部已经很难被推行下去了。

公元 500 年，任长水校尉没多久，祖冲之去世了，享年 72 岁。

祖冲之去世后，其子祖暅（gèng）继续着父亲的研究事业，并完成了父亲未完成的愿望。祖冲之去世后不久，萧衍就起兵夺取了帝位，建立了梁朝，史称南朝梁。由于祖冲之制定的《大明历》一直没有被施行，祖暅便一连三次向朝廷建议，最终，《大明历》于梁天监九年（510 年）正式被朝廷采用，从此一直沿用到陈后主祯明三年（589 年），朝廷前后使用了八十年。

尤其值得一提的是祖冲之研究球体积的算法，可惜没有完成，这个未竟的事业被祖暅彻底解决了。他还总结出了一条公理，即“幂势既同，则积不容异。”意思是说，位于两平行平面之间的两个立体，被任意一个平行于这两平面的平面所截，如果两个截面的面积恒相等，则这两个立体的体积相等。这就是著名的“祖暅公理”。这一公理直到 17 世纪才被意大利数学家卡瓦列利发现，比祖暅晚了一千多年。

祖冲之去世距今已有一千五百余年，但他锲而不舍、钻研继承的求知精神，求真求实、理性批判的怀疑精神，开拓变革、超越前人的创新精神，不畏权势、敢于坚持真理的勇气，成为后人，特别是后世科学家的榜样。祖冲之一生的辉煌成就，也为他赢得了极高的声誉：我国紫金山天文台发现的一颗小行星就是用他的名字命名的；法国巴黎科学博物馆“发现宫”的墙上列有世界著名科学家的名字，祖冲之的名字也在其中；俄罗斯莫斯科大学的大礼堂走廊上，也有祖冲之的彩色塑像。

李白

安能摧眉折腰事权贵

李白（701—762），字太白，号青莲居士，唐代著名浪漫主义诗人，被后人誉为『诗仙』，与杜甫并称为『李杜』。《旧唐书》卷一九〇有传。李白年少苦读，有着『济苍生』『安社稷』『达则兼济天下』的理想和愿望。为寻找施展抱负和才能的机会，二十六岁的他离开家乡开始在中国东部游历，并尽显诗歌方面的才华。四十三岁时，李白凭文才入京，侍从玄宗。但朝廷政治的黑暗，让不愿『摧眉折腰事权贵』的他不得不离开权力中心，从此过上凄凉、漂泊的生活，一腔报国心最终未能实现。李白在政治上是不得志的，但他在诗歌创作方面却成就显著，对后世产生了很大影响。

提到李白，我们立刻会想到“诗仙”，会想到“床前明月光，疑是地上霜”。的确，李白是我们再熟悉不过的历史人物了，他的诗歌历来受到很高的评价，至今仍广为传诵。

少年时代的蜀中生活

李白生于武则天长安元年（701 年），卒于唐代宗宝应元年（762 年），活了六十二岁。在这六十二年中，李白有四十余年（十三岁到五十五岁）生活在唐玄宗统治时期。我们知道，唐玄宗统治前期创造了“开元盛世”的局面，但随着天宝年间安史之乱的爆发，唐朝局势急转直下，唐玄宗也被迫退位。可以说，李白亲眼见证了唐朝由极盛走向衰落的过程。这对他的诗歌创作和思想变化都有着很大影响。

李白出生在唐朝西域的碎叶城，但唐中宗神龙元年（705 年），五岁的李白就跟随家人到了四川，居住在绵州（今四川绵阳市）所属的昌隆县（今四川江油市）青廉乡（一作青莲乡）。李白的童年和少年都是在四川度过的，因此他称自己是蜀中人："家本紫云山。"紫云山在四川绵阳昌隆县南四十里。

李白的家庭是比较富裕的，这使少年李白有充分的条件可以读书、作诗赋、学剑术、游历名山，从而让其成为一个有学识、有才能的人。关于李白学习的逸闻，流传最广的就是"铁杵磨成针"的故事，说的是少年时的李白有一次出去玩，不知不觉走进一个山谷。忽然，他听到山谷里传来一阵"嚓，嚓，嚓"的声音，走近一看，只见一位白发苍苍的老婆婆正在一块大石头上磨着一根铁棒。李白觉得很奇怪，就问道："老婆婆，您这是在做什么啊？""磨一根针。"老婆婆答道。"什么！磨针？"李白大吃一惊，"这么粗的铁棒子，得磨到什么时候啊？"老婆婆不慌不忙地说："只要下足了功夫，铁棒就一定能磨成针。也许十年，也许十五年，也许时间更长，但只要坚持不懈，就一定能成功。读书做学问，也是这个道理。”这番话，像一把锤子敲在李白的心上。他回到家，在纸上写下“只要功夫深，铁杵磨成针”十个字，并以“铁杵磨针”的精神激励自己勤奋刻苦地学习，从而打下了“开口能文，挥翰霞散”的基础。

少年时的李白还有着“达则兼济天下”的思想，他所作的诗歌也一再表露出自己“济苍生”的理想和愿望。

仗剑远游

为了寻找机会施展自己的抱负和才能，二十六岁的李白离开了故乡四川，开始在中国东部广阔的天地游历。

总体上看，李白的这次游历持续了十六年，直到他四十三岁入长安为止。游历的生活对于李白来说可不是游山玩水，而是通过隐居、求仙访道、诗文会友、干谒公卿等方式结交各种人物，实现自己建功立业的抱负。正如他在《代寿山答孟少府移文书》中答辩来自孟少府的责难时，说自己的隐居是“养贤”而非遁世，是等待时机为国报效，并表明自己“兼济天下”的理想，表示要用自己的智慧和才能为国家做一番贡献，然后再安心过隐居的生活。他以诗文干谒州郡长官，为的也是得到推荐。

长期的游历生活，使李白不仅饱览了名山大川的壮丽，更接触到了很多社会问题。这对于李白来说，是很可贵的。它使李白不再局限于书本上的知识，而是深入现实的生活中。阅历的丰富，也使他的性格更加豪放，艺术创作力更加旺盛，在诗文方面显示出了杰出的才华。像《乌栖曲》《苏台览古》《渡荆门送别》《客中作》《黄鹤楼送孟浩然之广陵》等，都是这一时期的作品。

长安三年

李白在诗歌方面所表现出的才华使他誉满海内，名动京师，唐玄宗李隆基“闻而悦之”。天宝二年（743年），四十三岁的李白被召入长安。听到这个消息，李白非常高兴，一腔的抱负终于有了施展的机会，于是他说出了那句：“仰天大笑出门去，我辈岂是蓬蒿人。”（《南陵别儿童入京》）

初到长安任职的李白确实受到了优厚的待遇，起草过一些重要的公文诏书。但是，有些事是李白预料不到的。此前他游历时，正逢“开元盛世”，皇帝积极进取，百姓富足，天下安定。然而，他到京城任职时，唐玄宗已经不再那么励精图治了，而是趋于享乐。他把重大事务都交给了奸相李林甫和宦官高力士等，李林甫就是“口蜜腹剑”这个典故的“主人公”。更为重要的是，唐玄宗让李白入京为官并不是想让他做“辅弼之臣”，听他的“兴亡之言”，只不过是爱惜他的诗才，希望让他做一个歌功颂德的御用文人罢了。

但李白毕竟是一个有远大理想和宏伟抱负的人，他不愿充当侍臣，更不愿在日渐腐败的朝廷中“摧眉折腰”。这种藐视权贵的性格自然受到当权者的谗毁，李白逐渐失去了唐玄宗的信任。李白认清了形势，担心自己在小人的谗言中遭到更大的灾祸，于是主动提出离开朝廷。

从满怀壮志地来，到带着怨愤和失望地走，李白在长安仅仅待了三年。政治上的挫折虽然给李白以巨大打击，但也给了他丰富的生活体验和经验教训。他深刻认识到了朝廷的黑暗和腐败，他的诗歌也有了新的内容，创作了不少反映社会现实、抨击权贵和奸佞的优秀诗篇，像《行路难》《梁甫吟》等。

凄凉的晚年

李白离开长安后，从天宝四年（745 年）到天宝十四年（755 年）安史之乱爆发。前后十余年，是他人生第二次游历时期。然而，这一次的游历和第一次有显著的不同：第一次游历时，李白信心满满，满怀抱负，希望得到建功立业的机会；第二次游历是在他政治上遭受打击后不得已而为之的，其心情的苦闷可想而知，用漂泊流离来形容这次的游历也未为不可。比如："万里无主人，一身独为客。"（《淮南卧病书怀，寄蜀中赵征君蕤》）、"一身竟无托，远与孤蓬征。"（《郢中赠王大，劝入高凤石门山幽居》）

但此时的李白并非对国家的前途和命运漠不关心。他看到朝廷穷兵黩武、士卒伤亡惨重、贤良遭受残害、百姓民不聊生的局面，非常悲愤，便用诗歌对此进行了揭露和批判。更重要的是，李白预见到了安禄山势力的增强将会对中央政权造成危害。于是他北上幽燕，积极从事救国活动，但没有成功。

天宝十四年（755 年），安史之乱爆发，叛军一路向西，所到之地烧杀抢掠，一片焦土。面对此景，李白异常愤怒，这进一步激发了他的爱国情感，盼望自己能加入抗敌的队伍，为国家贡献力量。次年，唐玄宗逃到成都，他的儿子李亨在灵武（今宁夏）称帝，是为肃宗，尊玄宗为太上皇。此时，永王李璘以平叛为名在江陵起兵，并邀请李白到他的军中担任幕僚。出于爱国之心的李白，怀着救国的愿望接受了这次邀请。然而，由于统治者内部的矛盾，肃宗以谋反为名讨伐永王，最终永王兵败被杀，李白因为是永王的幕僚获罪，被流放夜郎（今贵州桐梓县）。幸而遇到大赦，他才得以释放。归来时的李白，已年近六十。怀着一颗报国心加入平叛队伍却因受到牵连而被流放，李白晚年的命运太过坎坷。

经历了磨难的李白，晚景很是凄凉，不得不依靠亲友为生。唐代宗宝应元年（762 年），李白在族叔当涂县令李阳冰家中去世，终年六十二岁。

李白诗歌的特色

介绍李白就不能不说他的诗歌，正是因为他的诗，才让其有了“诗仙”的称号。李白的诗大多通过浪漫主义的创作手法表现出来，但其中又包含着现实主义成分。可以说，他的诗是巧妙运用浪漫主义手法来表现自己的思想和反映社会的现实。

李白的诗歌热情奔放、想象丰富、语言清丽、风格豪迈、个性鲜明，读后使人深受感染，回味无穷。

运用夸张的手法和生动的比喻来抒发热情奔放的思想感情，是李白诗歌的一大特色。他喜欢用一飞冲天的大鹏来表现自己的抱负，如“大鹏一日同风起，扶摇直上九万里”（《上李邕》），这是借用了《庄子·逍遥游》中的典故。他用夸张的手法或抒写自己内心的郁愤，如“抽刀断水水更流，举杯消愁愁更愁”（《宣州谢朓楼饯别校书叔云》），或呈现一种很高的境界，如“君不见黄河之水天上来，奔流到海不复回”（《将进酒》）。黄河之水被夸张地说成是从天上来的，既体现了黄河无止境的长流，又描绘出它奔放的姿态和恢宏的气势。另外，在一些写景、抒情的诗中，李白也往往使用这种手法，如“白发三千丈，缘愁似个长。不知明镜里，何处得秋霜”（《秋浦歌》）。诗人以三千丈的白发来形容自己因得不到重用而引发的愁苦。还有“桃花潭水深千尺，不及汪伦送我情”的名句，用千尺潭水比喻感情至深。

李白还喜欢用丰富的想象、奇幻的神话传说和游仙诗的形式，表现自己强烈的思想感情，对理想的追求，以及揭示社会现实。《梦游天姥吟留别》这首诗就是最典型的例子。还有《远别离》，通过娥皇、女英及尧幽囚、舜野死的传说，以神奇的遐想、迷离的手法，表达了诗人对统治者失权以及政治混乱的忧虑。

善于运用托物言志、借景抒情、以古喻今、因事寄意的手法，是李白诗歌的又一大特色。《经乱离后，天恩流夜郎，忆旧游书怀赠江夏韦太守良宰》这首诗就是一个例证。此诗是李白的自传体长诗，也是其诗集中最长的一首，它详细叙述了诗人的人生经历，抒发了自己的感慨。诗的开头部分抒写了诗人的才能、志向以及怀才不遇的感叹："剑非万人敌，文窃四海声。儿戏不足道，五噫出西京。"这是借楚霸王项羽少时学书学剑不成的事自比，自谦自己的文武才能没有学好；又借东汉梁鸿看到统治者生活奢侈而作《五噫歌》一诗自喻，描述了自己因与统治者不合而离京的经历。以古喻今、因事寄意的写作手法由此可见。

另外，最能代表李白浪漫主义特色的名篇就是《蜀道难》。此诗用夸张的语言、丰富的想象，以景寓情、借物寓意，写出了山河的壮美，歌颂了中华祖先开国的艰难和劳动人民的伟大创造，更反映了诗人对当时政局的隐忧。唐代就有学者评价说：“《蜀道难》等篇，可谓奇之又奇。然自骚人以还，鲜有此体调也。”

应该说，李白这种诗歌风格的形成，与他豪放爽朗的性格、对自由的追求，以及对封建权贵的蔑视是分不开的。他的诗歌能有如此高的艺术成就，是因为他善于继承并发展汉魏六朝诗歌的优秀传统。李白不仅才华横溢，还是一位刻苦向前人学习的诗人。他赞美建安文学，重视吸收鲍照、庾信等文学家的长处，并模拟前人的艺术手法创作了许多诗赋；他还吸收了古代乐府民歌健爽、真挚、明朗的特色，又融合了自己的性格，最终形成了独特的诗歌风格。

李白及其诗歌的进步性

前面已经提到，李白的诗歌充满了浪漫主义色彩，但他的诗并非完全“放飞自我”“无拘无束”“天马行空”，因为李白本人也是关注现实的，他有着“济苍生”“安社稷”的政治理想，只是这个理想受到了当时统治者的打击和限制不能实现而已，特别是李白见到了唐玄宗在统治后期逐渐荒淫奢侈、宠信奸佞，朝中大臣趋炎附势、庸庸碌碌，却对百姓飞扬跋扈、置其安危于不顾的情景。对此，他用诗歌进行了揭露和抨击。在《古风·其二十四》中，他说："大车扬飞尘，亭午暗阡陌。中贵多黄金，连云开甲宅。路逢斗鸡者，冠盖何辉赫。鼻息干虹蜺，行人皆怵惕。世无洗耳翁，谁知尧与跖。"一针见血地批评了奸佞宦官的骄横无礼。在《古风·其四十六》中，他又对唐玄宗"斗鸡金宫里，蹴鞠瑶台边。举动摇白日，指挥回青天"这种宠信奸佞、一味追求荒淫奢侈生活的行为进行了揭露。他甚至预感到"一百四十年，国容何赫然"的强盛唐朝，将断送在这些祸国者的手中。从后面的历史事实看，应该说李白还是很有预见性的，安史之乱的爆发虽然没有让唐朝灭亡，却让这个昔日强大的帝国元气大伤。

李白受到谗言和毁谤时，写了著名的《雪谗诗赠友人》，这不仅是对他个人不幸遭遇的控诉，更是对奸臣当道、政治腐败的揭露。"白璧何辜，青蝇屡前。"诗的开头一句就用青蝇比喻谗人，诉说自己遭到了奸佞小人的毁谤，并对杨国忠、杨贵妃等一批奸佞之人的邪恶行为进行了愤怒的声讨，甚至把矛头直接指向唐玄宗本人的腐败和丧失君道，应该说这一行为在当时看来还是很有勇气的。

李白在长安时还作了一篇《大猎赋》，其中有一句“猎贤俊以御极”，意思是要任人唯贤。可是到了天宝年间，唐玄宗在用人上根本不是“用人唯贤”，而是“亲小人，远贤臣”。李白对此表达了自己的不满，他说以唐玄宗为首的统治者“珠玉买歌笑，糟糠养贤才”（《古风·其十五》）。特别是当他得知直谏之臣张九龄、周子谅等遭贬致死的消息后，更是悲愤万千。于是他专门作了《古风·其五十一》：“殷后乱天纪，楚怀亦已昏。夷羊满中野，菉葹盈高门。比干谏而死，屈平窜湘源。虎口何婉娈，女媭空婵娟。彭咸久沦没，此意与谁论。”诗中，李白用纣王、楚怀王来影射唐玄宗的昏庸无道和残暴，是一首大胆抨击当时黑暗统治的优秀诗篇。

李白还反对穷兵黩武，强调战争的正义性。他在《战城南》一诗中有这样的句子：“烽火燃不息，征战无已时。野战格斗死，败马号鸣向天悲。”“乃知兵者是凶器，圣人不得已而用之。”应该说，李白不是泛泛地反对战争，他认为抵御外辱的战争和措施是必要的，但穷兵黩武式长期的不义之战是应该极力反对的。“乃知兵者是凶器，圣人不得已而用之”这一句不仅是对先秦孙子思想的继承和发展，而且是对当今时代两大主题——和平与发展一个很好的注脚。

应该看到，李白对当时唐王朝腐朽统治的抨击是非常直接和大胆的：讽刺其荒淫，鞭笞其腐朽，揭露其黑暗。这是一种政治上的进步倾向。

此外，李白关心国事、热爱祖国、反对叛乱。当外族对唐朝边地进行侵扰，并威胁到国家和百姓安全时，具有爱国思想的李白挺身而出，用诗歌激励人们以坚强的斗志抵御外辱。比如，他写下了“愿将腰下剑，直为斩楼兰”(《塞下曲六首·其一》)；“横行负勇气，一战静妖氛”(《塞下曲六首·其六》)。诗句慷慨激昂，鼓舞人心，充满了壮志和爱国之情。

他的爱国思想在安史之乱前后表现得尤为突出。唐玄宗时期广设节度使，每个节度使都有很大的权力，后来逐渐不受朝廷控制，形成了藩镇割据的局面，其中尤以安禄山所领导的藩镇势力最大。在安史之乱发生前，李白就对安禄山在幽州一带招兵买马、图谋叛乱的情况有所耳闻，他深知叛乱意味着国家会走向分裂，更意味着国家政权可能被颠覆。在这形势危急的时刻，李白毅然决定北上幽燕，打算从事救国行动。

天宝十一年（752 年），李白开始北上。当时他说：“日落把烛归，凌晨向燕京。方陈五饵策，一使胡尘清。”（《自广平乘醉走马六十里，至邯郸，登城楼，览古书怀》）“我把两赤羽，来游燕赵间。天狼正可射，感激无时闲。”（《登邯郸洪波台置酒观发兵》）这些诗句都表明了李白北上幽燕、从事救国的心志。然而，当他到了幽州一带时才知道大势已去。他在《经乱离后，天恩流夜郎，忆旧游书怀赠江夏韦太守良宰》这首诗中说安禄山反叛的气焰已经嚣张到极点，而唐玄宗的养虎为患、昏庸糊涂也到了极点。李白深知，此时唐玄宗宠信安禄山，他上书给皇帝反而会“触犯龙鳞”，于是他选择了避难。这也显示了作为爱国者的李白报国无门的无奈。

在避难之时，李白看到祖国山河被叛军攻陷，百姓流离失所，感到十分痛心，于是他写道：“洛阳三月飞胡沙，洛阳城中人怨嗟。天津流水波赤血，白骨相撑如乱麻。”（《扶风豪士歌》）“俗变羌胡语，人多沙塞颜。申包惟恸哭，七日鬓毛斑。”（《奔亡道中五首·其四》）诗句中的“胡”指的就是安禄山的叛军。李白的悲愤之情，由此可见一斑。

此外，李白虽然在避难，但面对安禄山的反叛，他主张采取积极的抵抗政策，尽全力消灭叛军。正是这种高度热忱的爱国思想，促使李白想方设法参加平叛工作，于是他加入了永王李璘的军队。在《在水军宴赠幕府诸侍御》这首诗中，李白写道：“宁知草间人，腰下有龙泉。浮云在一决，誓欲清幽燕。愿与四座公，静谈金匮篇。齐心戴朝恩，不惜微躯捐。所冀旄头灭，功成追鲁连。”不但写出了自己要直捣安禄山的巢穴，为平叛做出一份贡献的决心，还激励同僚一同努力。“试借君王玉马鞭，指挥戎虏坐琼筵。南风一扫胡尘静，西入长安到日边。”（《永王东巡歌十一首·其十一》）写出了李白在获得报国机会时，是何等的意气风发。

应该说，李白虽然在政治上属于不得志者，但是这丝毫不能减退他的爱国热情。李白的爱国心老而弥坚，直到去世前，他还发出了壮志未酬之叹：“大鹏飞兮振八裔，中天摧兮力不济。”（《临路歌》）

李白的突出优点，还体现在对祖国大好河山的热情歌颂上。李白一生遍历名山大川，足迹几乎遍布全国。他的风景诗以清新、俊逸的风格描绘出一幅幅优美恬静、明媚秀丽的现实风景画。比如：“暮雨向三峡，春江绕双流。”(《登锦城散花楼》)“三山半落青天外，一水中分白鹭洲。”(《登金陵凤凰台》)还有我们很熟悉的“两岸青山相对出，孤帆一片日边来”(《望天门山》)。在李白歌颂祖国大好河山的诗中，最多也最具代表性的是以豪放壮阔的风格，表现祖国山河的雄伟壮阔和气势磅礴。比如，他把黄河写得惊心动魄：“君不见黄河之水天上来，奔流到海不复回。”(《将进酒》)“黄河西来决昆仑，咆哮万里触龙门。”(《公无渡河》)黄河作为母亲河，其奔腾咆哮、声震山谷的雄伟形象如在眼前。又如，他写庐山雄奇的风貌：“庐山秀出南斗旁，屏风九叠云锦张。”(《庐山谣寄卢侍御虚舟》)“飞流直下三千尺，疑是银河落九天。”(《望庐山瀑布》)

李白对风景以及名山大川的描写和歌颂，都是他游历之后的真实感受。李白在描写时，往往把自己的爱国情感和豪放不羁、追求自由的性格相结合。所以，他的这些诗篇在动人之余又引人联想。它们不仅使祖国的山河增色，也使我们受到感染和熏陶，从而激发出爱国之情。

这就是李白，一个既充满浪漫主义色彩，又关心时局、具有现实情感的“诗仙”。

颜真卿

翰墨忠烈

颜真卿（709—784），字清臣，京兆万年（今陕西西安市）人，唐代名臣、诗人和书法家。《旧唐书》卷一二八、《新唐书》卷一五三有传。颜真卿的书法造诣很高，自成一家，称为『颜体』，受到后人的追仿。他的诗，清新明朗，给人以积极向上的力量。除了这两个角色，颜真卿还是一位刚正不阿、忠心报国、心系百姓的名臣。安史之乱时，他率军坚决抵抗叛军；后投奔代宗，被封为鲁郡公；又因不阿权贵而被贬地方刺史，其间他兴利除弊，深得百姓赞誉；淮西李希烈反叛时，他被派前往招抚，面对反叛者的威逼利诱，颜真卿大义凛然，拒不妥协，终被缢杀。遇害后，三军将士为之痛哭，朝廷追谥『文忠』。

提到颜真卿，我们会想到他是一位书法家，想到“颜体”字，想到《多宝塔碑》和《祭侄文稿》；其实，颜真卿除了在书法方面有着很高的造诣外，还是一位刚正不阿、忠心报国的名臣。他死后被追谥“文忠”，这两个字很好地概括了他一生的品行。

颇有政绩的地方官

颜真卿是唐代京兆万年（今陕西西安）人，生于唐中宗景龙三年（709 年），其五世祖是南北朝时著名学者颜之推，颜之推写的《颜氏家训》对颜氏子孙以及后世家风建设产生了重要影响。

颜真卿三岁丧父，跟随母亲依靠外祖父生活。虽然较为困苦，但自幼受“颜氏家风”影响的他，意志坚强，学习刻苦，少年时就颇有学问，不仅善于作诗文，还写得一手好字。

唐玄宗开元二十一年（733 年），颜真卿在长安福山寺中读书，第二年便考中进士。过了两年，他参加了吏部的选拔考试，成绩优异，被任命为秘书省著作局校书郎。秘书省是朝廷管理图书典籍的机构，下设著作局，主管撰写碑文、祝文、祭文等事，其长官称著作郎，属员有著作佐郎、校书郎、正字等。校书郎为正九品上，品级是较低的。

738 年，颜真卿的母亲去世了。按照当时礼制的规定，他要回家守孝三年。天宝元年（742 年），地方官保举颜真卿参加“博学文词秀逸科”的考试。这一次，颜真卿考中了甲等，当即被任命为醴泉县（今陕西礼泉县）县尉。县尉是协助县令管理地方治安的官员，职位虽然不高，但职责却不轻。颜真卿在任上办事干练，有清廉之誉。

一年后，他辞去职务，到洛阳访问书法家张旭，想跟他学习书法。现在我们提到张旭，更多的是称赞他的草书，其实张旭的楷书也很有功底。张旭见颜真卿的书法已有一定基础，就鼓励他早晚勤练，以求上进。

其间，颜真卿因在醴泉任上颇有声名，得到他人的推荐，被任命为长安县尉。但不久，他又辞去官职，再次到洛阳向张旭请教。张旭见颜真卿如此有志于书法，便把一向不轻易传授的作书方法和多年积累的宝贵经验详细地告诉了他。颜真卿在张旭的指导和自己的不断努力下，书法水平进步很快，楷书和草书都形成了独特的风格，甚至可以自成一家了。

书法学成后，颜真卿回到长安。天宝六年（747年），朝廷任命他为监察御史，负责监察百官、巡视郡县、纠正刑狱、肃整朝仪等事。比起校书郎，显然这个职位的职责更重。不久，他就奉命到地方去巡查。当时陇西五原地方官收受贿赂，制造冤案。颜真卿重新对几起大案进行审查，使蒙冤者得以昭雪，贪官污吏得到惩治。史书记载说，当地长期干旱，这时正好下了一场透雨，人们就把它和颜真卿的断狱联系起来，称为“御史雨”，认为是他带来了吉祥。这当然是迷信的说法，却反映了当地百姓对颜真卿的推崇。

唐玄宗在位期间，用了两个年号，前为开元，后为天宝。开元时期，国家昌盛，因而有“开元盛世”之誉；然而到了天宝年间，国势开始走向衰落。此时的玄宗，生活奢靡，荒废政务，重用杨贵妃的哥哥杨国忠为宰相。杨国忠没有治国才能，大权独揽的他，排斥异己，打击正直之人。

颜真卿为人刚正，不肯阿附逢迎权贵，由此受到杨国忠的排挤，他以加强地方吏治为名，调颜真卿任平原郡（今山东德州市）太守，将他排斥出朝廷。颜真卿无半点消极，到任后，他废除苛政，招纳贤才，短时间内就把当地治理得井井有条。

在平原任上，他还看到了安禄山造反的苗头。原来，平原郡属于平卢、范阳、河东三镇节度使安禄山管辖。安禄山表面顺从朝廷，乃至获得玄宗的信任，实际上他暗中积蓄力量，企图造反。颜真卿察知安禄山的阴谋活动，便暗中戒备。他以雨季来临之前要加强防汛准备为名，修缮加固城墙，登记壮丁，储备粮食。为了避免安禄山的怀疑，他时常召集文人，在城外水中乘船游玩、喝酒吟诗。他还派亲信到长安向朝廷报告安禄山准备反叛的情况，希望朝廷尽快采取措施。谁知，朝廷根本不予理会。

天宝十四年（755 年）年十一月，安禄山果然反叛，长驱南下，河北各郡纷纷陷落，地方官逃的逃，降的降，被杀的被杀。唯独平原郡因为提前有准备而没有被攻陷。颜真卿见此，派手下李平飞马奏报。唐玄宗听说安禄山叛乱之事，叹息道："难道黄河以北二十四郡中，没有一个肯为国家效忠的人吗？"后来听说李平来了，高兴地对侍从说："我不知道颜真卿的相貌如何，但他竟做得这样好！"

坚决反抗安史叛军

安禄山的叛乱，打破了社会的稳定，在叛军的一路烧杀之下，城市变为废墟，百姓流离失所，苦不堪言。他们希望朝廷能够派来军队，平定这次叛乱，恢复往日平静的生活。

颜真卿是深明大义之人，他准备率军奋起反抗。安禄山起兵时，曾下令让他出七千兵马防守黄河沿岸。平原郡当时只有三千兵士，颜真卿借补充人马之名，大量召集士兵，队伍很快到了一万人。有了实力的支撑，颜真卿高举反抗安禄山叛军的大旗，用慷慨激昂的话语，激励将士奋勇杀敌。在颜真卿的影响下，附近的军民也纷纷响应，杀死安禄山派来的官员，并推颜真卿为首领，作为军事上的总指挥。

当时，武邑县尉李铣来投奔颜真卿，并说自己的母亲被投降安禄山的县令囚禁了起来。颜真卿听后，立刻用自己的钱招募勇士，救回了李铣的母亲，并将县令杀死。此举感动了许多人，他们纷纷表示愿意尽心竭力与颜真卿一同抗敌。

安禄山攻陷洛阳后，杀死了三位留守洛阳的官员，并派段子光带着这三个人的人头去胁迫颜真卿投降。段子光见到颜真卿，态度傲慢，说道："如今我们已经进兵洛阳，远近之地都归顺了，只有你所率领的地方还不服。我这次来是对你进行劝导，你要是伤害了我，将来一定会后悔的。"颜真卿听后，不为所动，当即下令斩杀段子光，表示与安禄山叛军斗争到底的决心。

同时，颜真卿还派人去联络自己的堂兄——常山郡太守颜杲卿。颜杲卿这个人想必我们都有所耳闻，其忠节不屈的精神广为后世称颂，文天祥《正气歌》中有言："为张睢（张巡）阳齿，为颜常山（颜杲卿）舌。"

颜真卿和颜杲卿的联络，使河北各郡的平叛人数增加到二十万，大家仍推颜真卿为首领。这样，平原与常山，东西相对，互相声援，切断了安禄山叛军同后方的联系。得知河北发生了变化，安禄山不敢再前进，他退守洛阳，派史思明等率兵猛攻常山。

面对史思明军的兵临城下，颜杲卿向太原请兵。谁知，太原节度使王承业故意拖延，拥兵自守。颜杲卿和常山军民苦战三天三夜，最终城破被俘。颜杲卿被送到洛阳，他对安禄山怒目而视，说道："我家世代为唐朝大臣，永远信守忠义。你本是营州一个牧羊的羯族奴隶，因窃取皇帝的恩宠，才有今天，天子因何事有负于你，而你竟反叛朝廷！"安禄山听后非常愤怒，命人将颜杲卿绑在柱子上，施以极刑。颜杲卿骂不绝口，叛贼便钩断了他的舌头。"为颜常山舌"一句，说的正是他坚持忠义、大骂叛军之事。

颜杲卿被害的消息传来，颜真卿悲痛万分。但他痛定思痛，决心化悲痛为力量，担负起领导河北地区军民抗击叛军的重任。此时，朝廷任命他为河北采访使，配合河东节度使李光弼作战。

平卢将领刘正臣等打算杀死安禄山派来的平卢节度使，特意派人来同颜真卿联系。为了坚定刘正臣的意志，颜真卿不但拨出大批军饷支持他，并且叫自己的儿子颜颇一同跟去，以示对刘正臣的信任。颜颇此时才十岁，而且是颜真卿的独子，将士再三规劝让他将儿子留下，颜真卿没有答应。从这里也可以看出他反抗叛军的决心和爱国意志是多么强烈！

平叛的进程本来是对唐朝有利的，然而统治集团内部勾心斗角，将相不和。结果，潼关一战，唐军惨败。长安的大门一开，便一发不可收拾。无可奈何之下，玄宗逃奔四川，其子李亨在灵武即位，就是肃宗。肃宗着急收复长安，于是将郭子仪、李光弼等从河北战场调回。这给安禄山军队猛攻河北地区创造了机会，一时间，本来被收回的地方又落入叛军之手。颜真卿驻守的平原也成了一座孤城，内缺粮草，外无应援。他认为，这样下去只能坐以待毙，没有任何战略意义，于是率部撤离河北。最后投奔了肃宗。

不阿权贵，开启十年刺史生涯

刚即位不久的肃宗任命颜真卿为刑部尚书兼御史大夫。不久，长安被收复，他随肃宗来到长安。对于军队和国家大事，颜真卿总是直率地发表意见，不惜得罪宰相和权贵。为此，他屡被降职或被贬出京，在京官和地方官之间反复。

在升州（今江苏南京市）刺史兼江西道节度使任上，他再一次显示出自己的预判能力。当时，扬州长史刘展蓄谋叛变的迹象已经很明显。颜真卿担心此人叛变后会侵扰江南，于是他和在平原郡一样，选拔良将，训练士卒，准备军械，预先做好准备。谁知，江淮都统李峘却认为颜真卿的做法是无事生非，扰乱人心，徒然引发紧张局面，于是上奏朝廷。朝廷不辨黑白，直接将颜真卿召回长安，任刑部侍郎。不久，刘展果然起兵叛乱，甚至打败了李峘的部队。人们这才看出颜真卿的远见卓识。

然而，没过多久，颜真卿因不肯逢迎肃宗的亲信宦官李辅国而遭嫉恨，被贬到离长安两千多里的蓬州（今四川仪陇县）当长史，即刺史的辅佐。在这里，他救济灾民、抚恤贫户，做了不少实事好事，深得百姓的爱戴。

宝应元年（762 年），肃宗去世，其子李豫继位，即代宗。代宗知道颜真卿的才能和声望，于是将其召回朝廷，任为检校（代理）刑部尚书。不久，又封为鲁郡公，其“颜鲁公”之名即由此而来。

然而，代宗当时最信任的元载，是有名的奸相，他和自己的党羽专权受贿，陷害异己。颜真卿秉持正义，对元载提出批评，并据理力争，元载由此怀恨在心，多次找机会要将其排挤出朝廷。

后来，元载自知做了不少坏事，害怕百官上奏揭露他的罪行，便要求百官如果有事论奏，都应当先告诉部门长官，由各长官告诉宰相，然后再奏报皇帝。他还以皇帝的名义告诫百官："近日各司奏事繁多，所说的多是谗言诋毁之词，所以宰相、诸长官要先确定所说的事是否可以上奏。"这实际上就是想堵塞言路，让皇帝闭目塞听，元载好继续行不法之事。

颜真卿得知后，上书驳斥，他说：郎官、御史是皇帝的耳目，如果论事要经过宰相，那就等于挡住了耳目。太宗时代，不论贵贱，有事要奏报给皇帝的，都可以由守卫之人带进来，当面奏报。天宝以来，专权的大臣把持国政，忠言直谏的人受到打击，以致上意不能下传，下情不能上达，最后酿成了安史之乱。直到今天，战争留下的创伤还没有平复。目前，即使陛下您鼓励臣下直言，他们尚且不敢畅所欲言，何况宰相从中压制呢？陛下听不到别人的进言，还以为天下太平无事，其实危险即将到来。如果陛下不早日醒悟，一旦事发，后悔就来不及了。这番恳切的言辞，矛头直指宰相，说出了很多人想说而不敢说的话。颜真卿最后说自己深知这番话会招来灾祸，但他不惜冒死直言。忠直的品格，于此显露无遗。

元载得知后，对颜真卿更加憎恨，最终以诽谤朝廷重臣的罪名将其排挤出朝廷，贬为吉州司马（今江西吉安一带）。

大历三年（768 年），颜真卿又从吉州司马调任抚州（今江西）刺史，这一年他已经六十岁了。在抚州任职的五年中，颜真卿关心民众疾苦，注重农业生产，热心公益事业。针对抚河正道淤塞，河水泛滥淹没农田的状况，他带领百姓在抚河中心小岛南部建起一条石砌长坝，从而解除了水患，并在旱季引水灌田。抚州百姓为了纪念颜真卿，将石坝命名为千金陂，并建立祠庙，四时致祭。

后来，颜真卿又转为湖州（今浙江吴兴区）刺史。他特别注重湖州地区的垦荒和生产，叮嘱属县官员要注重农事，不误农时。在颜真卿的倡导下，湖州地区政治清明，百姓生活安定。以乌程县为例，县令李清积极执行颜真卿颁布的政策，大力开垦荒地，大量种植桑田，畜养牲畜，使得流民纷纷还乡，增加了劳动力。

从大历三年（768 年）到大历十二年（777 年）的十年间，颜真卿一直被排挤在朝廷之外，做了十年的地方刺史。从初入职场，到年近古稀，颜真卿因刚正不阿、敢于直言的性格屡遭打击和排挤，但是他并不把这些放在心上，即使被贬到地方，也不消极懈怠，而是尽力做好本职工作，解民之忧。

颜真卿是好官，是书法家，也是诗人。他的诗有描写大自然美景的，也有抒发朋友间真挚友谊的，清新明朗，词句精练，给人以积极向上的力量！

招抚叛军，宁死不屈

元载的骄横终使代宗觉得威胁到了自己的统治，于是下令将其处死。继任的宰相杨绾开明而识才，他将在外十年的颜真卿召回，任刑部尚书，不久又改任吏部尚书。

然而，两年后，事情又发生了变化。大历十四年（779 年），代宗去世，其子德宗继位，任用杨炎做宰相。

杨炎是元载的旧党，对颜真卿的耿直十分讨厌，于是免了他吏部尚书的职位，改为太子少师。这个官表面看着非常光鲜，实际是削夺了他的实权。

不久，卢杞代杨炎为相，其人专横跋扈，又忌颜真卿的耿介正直，千方百计想把他排挤到地方上。年过古稀的颜真卿曾当面责问他："你的先父御史中丞卢奕曾被安禄山杀害，首级送到平原，军民都赞扬你父亲的殉国之志。今天你如此专权，伤害百姓，对得起你的父亲吗？"卢杞羞得连忙请罪，但对颜真卿更加仇恨了。

安史之乱后，各地节度使拥兵自重，形成地方割据势力，称为藩镇。这是唐朝后期影响朝廷统治的极大隐患。德宗继位后，很想削平藩镇，却以失败而告终。

后来，淮西节度使李希烈起兵许州（今河南许昌市），反叛朝廷，自称天下都元帅，相继攻陷汴州、汝州等地，威胁洛阳。

奸相卢杞想到了借刀杀人的方法，他向皇帝建议："李希烈居功自傲，一般将士不敢劝阻，但如果能派有声望的人去说服，他一定会幡然悔悟。"皇帝问："你认为谁合适呢？"卢杞答道："颜真卿是元老，忠直刚正，四海闻名，为人所信服，派他去最合适。"谁都知道，卢杞的这个御敌之策是异想天开，目的无非是想除掉颜真卿这个眼中钉。其实，颜真卿自己也明白，此去凶多吉少，但他仍怀着说服李希烈的愿望，以淮西宣慰使的身份到了许州。

见到李希烈，颜真卿刚要宣读诏书，两旁就有数百武士将其围住，他们大声叫骂，甚至用刀比画。颜真卿见此，面不改色，让李希烈悬崖勒马，归服朝廷。李希烈也知道颜真卿的威名，他让众人退下，安排颜真卿到住处休息。

接着，李希烈开始使出招数。他先逼颜真卿为自己写好话，上奏给皇帝。颜真卿严词拒绝。他知道自己随时有生命危险，于是写信给家中，嘱咐家人要继承良好家风，好好教育子弟。

不久，李希烈又设宴来利诱。宴席上，有人对颜真卿说："久仰太师名望，现在正值李都元帅建立大业，太师恰好到来，这是上天把一个宰相赐给李都元帅啊！"颜真卿听后，呵斥道："什么宰相！你们几个听说过颜常山（颜杲卿）吗？那是我的哥哥。安禄山反叛时，他起兵抗敌；后来虽然被捉，但临死前仍痛骂反贼不止。如今，我只会和我哥哥一样守节而死，怎么会受你们的威逼利诱！”李希烈见这招儿不起作用，只得怏怏而退。

颜真卿被囚的第二年，李希烈自称大楚皇帝，他派人向颜真卿询问皇帝即位的礼仪，没想到颜真卿的答复是：“我记得的只是诸侯朝见天子的礼节。”一句话让对方哑口无言。

李希烈见软硬的手段对颜真卿均不奏效，于是下令将其缢死。直到淮西叛乱被平定，颜真卿的遗体才被送回长安。

今天，我们更多是赞誉颜真卿在书法上的成就，殊不知，他还是一位秉性刚直、胸怀家国、心系百姓的忠义之臣。史书这样评价他：“立朝正色，刚而有礼，非公言直道，不萌于心。天下不以姓名称，而独曰鲁公。”

颜真卿的书法，让人追仿；颜真卿的品行，令人敬仰。

杜甫

忧国忧民的『诗圣』

杜甫（712—770），字子美，自号少陵野老，唐代伟大的现实主义诗人，与李白并称『李杜』，其诗被称为『诗史』，其人被誉为『诗圣』。《旧唐书》卷一九〇下、《新唐书》卷二〇一有传。杜甫少有才智，青年时曾两次外出游历，积累了丰富的人生经验。后与李白相识，并结下了深厚的友谊。杜甫一生经历过开元盛世，又目睹了『安史之乱』后唐朝由盛转衰的社会现实。在政治上，杜甫虽是一个不得志者，但他始终不放弃自己的理想和抱负，怀着爱国忧民的情感，寻找为国家效力的机会。同时，他还用诗歌描绘人生、记录历史、表达思想、抒发感情。杜甫的诗歌艺术成就和崇高的人格至今仍为人们所赞颂。

他与“诗仙”李白并称为“李杜”。他的诗歌脍炙人口，人们随口便能吟出：“两个黄鹂鸣翠柳，一行白鹭上青天。窗含西岭千秋雪，门泊东吴万里船。”“无边落木萧萧下，不尽长江滚滚来。”“会当凌绝顶，一览众山小。”“好雨知时节，当春乃发生。随风潜入夜，润物细无声。”他就是唐代伟大的现实主义诗人、被后世誉为“诗圣”的杜甫。

初显才智

杜甫于712年出生在河南巩县城东一个叫瑶湾的地方。杜甫降生的这一年恰好唐玄宗李隆基登上了天子之位，次年，改元开元。此后，大唐帝国便继“贞观之治”，进入了所谓的“开元盛世”。当时的唐朝疆域广阔，经济繁荣，国力强盛，文化昌盛。杜甫就是在这种环境中成长起来的。

杜甫家族中对其影响最大的有两个人，一个是他的先祖杜预，另一个是他的祖父杜审言。杜预是西晋时期的名臣、大儒，在灭吴的战争中战功赫赫，为西晋统一做出了卓越的贡献。灭吴之后，他在江南兴修水利，发展生产，公私俱受其益。杜预还博学多才，人称“杜武库”。武库就是我们常说的军火库，那里面什么武器都有，言外之意是说他无所不能。杜预于群经中特好《左传》，所著《春秋左传经传集解》至今仍是研究《左传》的必读之书。在杜甫心中，这位先祖是自己的榜样。除了杜预外，杜审言也是名声较为显赫的一位。杜审言主要活动于唐高宗、武则天时期，他对杜甫的影响主要在诗歌创作方面，所以杜甫常常说“诗是吾家事”。杜审言年轻时就在诗歌上崭露头角，后来成为武则天时期重要的宫廷诗人之一。明代胡应麟《诗薮》中说：“初唐无七言律，五言亦未超然。二体之妙，杜审言实为首倡。”这充分说明了杜审言对律诗创作的贡献。

受杜预、杜审言等先辈的影响，杜甫在政治上和诗歌创作上都有着强烈的进取心和自信心，他坚持“奉儒守官”的理想，即通过入仕做官把儒学的精神和传统继承下来并发扬光大，希望有朝一日能够建功立业。

杜甫的父亲杜闲，曾做过奉天（今陕西乾县）县令、兖州司马，对杜甫的影响不是很大。杜甫的母亲在其年幼时就去世了，他是在姑姑家中长大的。这位姑姑心地善良，和蔼可亲，将小杜甫照顾得无微不至。

杜甫自幼就显露出超群的才智，是一个勤奋好学的孩子。他在诗歌方面尤为“早熟”，七岁时便“开口咏凤凰”，着实令人惊叹。九岁时，他开始学习书法，这大概是受祖父杜审言的影响，史书记载杜审言“工书翰，有能名”。十四五岁时，杜甫开始了社交活动。他所结交的人大多是一些老前辈，由于其才华横溢，诗文清新，因此深受前辈的赏识。

两次游历

与同时期很多大诗人一样，杜甫在进入仕途之前有过一段漫游的经历。漫游对唐代文人来说是一件非常重要的事，通过游览各地可以了解不同的风土民情，真正接触社会的方方面面；更重要的是，对于要跻身仕途的人来讲，漫游可以结交不少朋友，拜访当朝做官之人，从而扩大自己的影响，积累丰富的人生经验。

十九岁时，杜甫首次出游便到了山西一带。二十岁左右，杜甫漫游洛阳、江宁、吴越一带，也就是现在的河南洛阳、江苏南京、浙江绍兴等地。这段游历持续了四年多的时间，其间他拜访名人，寻访古迹名胜，濡染了不同的地域文化，开阔了眼界，增长了见闻。他对祖国山河的壮美深表慨叹，爱国之情油然而生，同时也增加了对美好生活的向往。

开元二十三年（735 年），杜甫参加了在洛阳举行的科举考试。科考中第对于当时的知识分子来说，是进入仕途、建功立业、光宗耀祖的必经之路，乃人生中的一件大事。杜甫自幼受家庭影响，自然准备通过这一途径入朝为官，施展抱负。他的才学很高，踌躇满志，本以为会考取功名，谁知这次考试却落第了。也许是年纪尚轻的原因，这次落第并没有给杜甫带来打击，他也没有因此而苦恼。

不久，杜甫又开始了第二次漫游。从开元二十四年（736 年）到开元二十八年（740 年），他主要在齐赵一带，即现在的山东和河北南部地区游历。这个过程中杜甫始终带着开元盛世的朝气和自信。当他到了东岳泰山脚下时，因被壮丽的山色吸引，写出了《望岳》这一名作：“岱宗夫如何，齐鲁青未了。造化钟神秀，阴阳割昏晓。荡胸生曾云，决眦入归鸟。会当凌绝顶，一览众山小。”这首诗形象鲜明，意境开阔，气势磅礴，格调轩昂，充分表达出一位有理想、有抱负的青年诗人奋发向上、积极乐观的人生态度，以及对祖国大好河山的热爱之情。诗的最后一句，还带有普遍的哲理意味。

游历结束后，杜甫回到了洛阳，居住在首阳山下的几间“土室”里。不久，他结了婚，妻子杨氏，虽非名门闺秀，却也贤惠质朴、通情达理。

与李白的深厚情谊

友谊，是人生中不可缺少的珍贵之情。杜甫一生结交了不少友人，但最应一书的还是他与李白的交往。他们的真挚友谊，是中国历史上的一段佳话。

郭沫若曾经说：“李白和杜甫是像兄弟一样的好朋友。他们在中国文学史上的地位就跟天上的双子星座一样，永远并列着发出不灭的光辉。”后人将李白和杜甫并称“李杜”，一方面是因为他们具有同样高度的诗歌艺术成就，另一方面是因为他们的友谊。二人都性格豪爽，襟怀坦荡，都有着共同的理想和志向。

杜甫第一次与李白见面是在天宝三年（744 年），这一年李白被唐玄宗“散金放还”，他带着失意的心情到了洛阳，见到了杜甫。当时，李白四十四岁，杜甫三十三岁。李白的性格使杜甫产生了由衷的仰慕之情。共同的抱负、共同的诗歌爱好、共同的生活趣味，使他们一见如故，相互倾心。

应该说，李白和杜甫在一起游历、生活的时间并不长，但他们的友谊却终生不渝。第一次见面后，李白临行前，杜甫写了一首《赠李白》。后来，李、杜二人在梁宋（今河南商丘市）游历时又遇上了高适，“三颗诗星”一道云游，寻访古迹，畅谈古今，品评诗文。

李白与杜甫分开时，彼此都心系对方。像李白写有《鲁郡东石门送杜二甫》，杜甫则写有《春日忆李白》《冬日有怀李白》《梦李白》等。诗中不仅流露出思念之情，更有着相知相惜之感。应该说，李、杜二人的长久友谊是中国诗词史上的一段佳话。

流落长安

天宝六年（747 年），还是“布衣”的杜甫初次来到一心向往的长安。当时的长安不仅是唐朝的政治中心，也是商业发达的经济中心和文人荟萃的文化中心，对于杜甫来说则是一个可以施展抱负和实现理想的地方。应该说，他这次来京，一是为了寻找机会，走上仕途；二是想干出一番事业，为国家和苍生贡献自己的智慧和才能。

就在这一年，唐玄宗下诏举办了一次考试，其目的是广求天下能人，这便是由皇帝直接选拔人才的制举，而非常规举行的科举。在杜甫看来，这当然是一次大好的机会，可以一试身手。结果却事与愿违，这次考试不但杜甫没有考中，全体考生竟无一人及第。怎么会这样呢？原来这是李林甫施展的阴谋诡计。李林甫陷害张九龄等忠义之臣，最终使皇帝罢免了张九龄的宰相之职，自己则当了宰相。此后，为了大权独揽，他一方面罗织党羽，另一方面阻塞言论，这次考试的“全军覆没”实际上就是李林甫害怕考生批评朝政，揭露时弊，让自己难堪而故意为之。他跟唐玄宗汇报说，这次考试一个人都没有录取，是因为“野无遗贤”，就是说天下人才早就搜罗殆尽了，没有没被录用的人才了。这种荒唐话，唐玄宗居然听信了。

继上次科举失利后，满怀报国之志的杜甫再次落榜，这次的失利对他的打击很大。从此，他流落长安，生活日趋困苦。在这个时候，他的父亲也去世了。

此时的杜甫对朝廷的弊政有了自己的思考，他在给官员韦济的《奉赠韦左丞丈二十二韵》诗中，直指朝廷用人的不合理，认为这是一个小人得志而才志之士被埋没的时代。

天宝十四年（755 年），流落长安近十年的杜甫通过努力奔走，终于等来了一个职位——河西尉，这是从九品的低级官职，是唐代品级最低的官职了。河西即现在陕西合阳县一带，这个职位与杜甫“致君尧舜上，再使风俗淳”的政治理想相差太大了。他不愿接受这个职位。不久，他又等来并接受了右卫率府胄曹参军的职务，即太子卫戍仪仗中的参谋属官，负责管理兵甲器械，从八品下，相较于河西尉，职位稍高了些，而且是在长安城中任职，较为体面。

任职的当年，杜甫离开长安去探望妻子和儿女。没想到就在回家的路上，发生了一件惊天动地的大事——安史之乱爆发了。杜甫将自己回家途中的经历写入了《自京赴奉先县咏怀五百字》。诗中“穷年忧黎元，叹息肠内热”一句，表达了作者关注民生的仁厚情怀。诗的结尾还涉及“平人”“失业徒”“远戍卒”等的苦难生活，有人评价这是“忧在天下，而不为一己得失也”。

这首诗既是杜甫对自己在长安近十年生活的总结，也写出了曾经辉煌的王朝如今在风雨中的动荡和不安，写出了权贵腐朽的生活，写出了一个满怀理想和抱负的人在现实面前的无奈和愤懑，写出了广大民众困苦的生活。

在安史之乱中短暂任职

安史之乱是唐朝由盛到衰的转折点。战乱爆发后，朝廷几乎没有兵力与其对抗，在短短一个月时间里，安禄山就率叛军从范阳一直打到洛阳。不久，潼关失守，唐玄宗匆忙逃往四川，接着长安也被叛军占领。

由于叛军逼近潼关，杜甫不得不携带家眷迁居到白水（今陕西白水县），投靠自己的舅舅白水县尉崔十九。

后来，杜甫带着家人夹在难民中从白水继续向北逃亡，一直到达鄜州（今陕西富县）的羌村，才把一家人安顿下来。此时，他听说太子李亨（唐肃宗）在灵武即位，于是只身北上，准备去投奔。怎料途中不幸被叛军俘虏，押至长安。

杜甫见到经过战乱的长安城满目疮痍，心情十分沉重，于是写下了流传千古的名作《春望》："国破山河在，城春草木深。感时花溅泪，恨别鸟惊心。烽火连三月，家书抵万金。白头搔更短，浑欲不胜簪。"这首诗感情真挚，反映了诗人心系国家、眷恋家人的情怀。

杜甫很想为国效力，终于在至德二年（757 年）四月瞅准时机逃离长安，投奔了唐肃宗。杜甫拜见皇帝的时候，穿着一双破麻鞋，衣服也破烂不堪。这一忠诚之举使肃宗大为感动，授予他左拾遗一职，后人称其为"杜拾遗"即来源于此。左拾遗虽然是个级别较低的官，但可以接近皇帝，并参与议论朝政，很有发展前途。

不料，杜甫很快就因营救房琯一事触怒了唐肃宗，遭到皇帝的疏远。他不得不离开朝廷返乡探亲。

至德二年（757 年）九月，朝廷收复了长安。十一月，杜甫回到长安，仍任左拾遗一职。但他已不再受皇帝的信任和赏识，最终因受房琯案牵连于乾元元年（758年）被贬为华州司功参军。这是一个处理人事方面琐碎小事的官职，与杜甫建功立业的理想相去甚远。大概是为了排解心中的苦闷，他决定回洛阳老家看看。

成都的草堂生活

乾元二年（759年），杜甫从洛阳前往华州。此时正值春夏之交，关中地区发生了大饥荒，官场不得意的他目睹了天灾人祸下百姓的惨状，对朝廷颇感失望，决心辞官西行。杜甫带着一家人先到了秦州（今甘肃天水市），又从秦州到了同谷，最后到了成都。应该说，杜甫选择在成都定居是很明智的。首先，这里远离中原战乱地区；其次，此地号称天府之国，物产丰富，适合生活；最后，此处古迹名胜众多，而且安史之乱时，唐玄宗曾避难于此，唐肃宗时升成都为南京，有较为突出的政治地位。此时的杜甫已接近知天命之年，他的生活从此揭开了新篇章。

初到成都，杜甫一家人暂时居住在成都以西七八里处浣花溪畔的草堂寺。此时，他的朋友裴冕、高适都在蜀地做官，他们对于杜甫来说，是经济、生活上重要的依靠。

然而，居住在草堂寺显然不是长久之计，杜甫必须赶紧修建自己的住宅。他以诗代信，一封一封地发给友人以求得资助。终于，他在浣花溪畔盖起了一座草堂，这就是著名的杜甫草堂。这里溪水长流、环境优美，成为杜甫一家人在成都的安居之所。杜甫离开成都后，草堂一度荒废。到了五代前蜀时，诗人韦庄觅得旧址重结茅屋，草堂胜迹得以保存下来。南宋、元、明、清各代，对草堂多有修葺，使主体建筑和园林布局保存至今。

有了安身之所，杜甫便把更多的精力投入诗歌方面，其中大部分是田园诗。这大概是杜甫在抒发经过长时间颠沛流离后，终于可以安安稳稳度日的感受。他开始发现生活中美好的事物，同时仍怀有一颗爱国忧民之心。

在成都他还遇到一个人，就是严武。广德二年（764 年），黄门侍郎、郑国公严武向朝廷上奏，让杜甫担任节度使署中参谋，检校工部员外郎，赐绯鱼袋，品级从六品，后世称杜甫为“杜工部”即源于此。其职务实际是在严武的幕府中当参谋。以五十多岁的年龄当上一官半职，对于杜甫来说应该是好事吧？其实不然。他在不少诗中表现出要退出幕府、归隐草堂的想法。原因是多方面的，总之是不想继续在幕府中做事了。

永泰元年（765年），严武暴病而死。友人的离去对杜甫的打击很大，他决定离开成都。

晚年的漂泊

杜甫离开成都，买舟东下。成都的生活固然安逸些，但这不是杜甫的人生追求。他不仅要安居，还要立业，要为国家百姓做些事情，这是他离开成都的根本原因。严武的去世，只是促使他离开成都的一个引子。

离开成都后杜甫沿江南下，经过嘉州（今四川乐山市）、戎州（今四川宜宾市），再向东北方向经过渝州（今重庆市）、忠州（今重庆市忠县），到达了云安（今重庆市云阳县）。由于旅途劳顿，杜甫肺病发作，不得不留下来休养。第二年（唐代宗永泰二年，766年），杜甫一家人继续东行到了夔州（今重庆市奉节东），住在瀼西草堂，并得到了夔州都督兼御史中丞柏茂琳的关照。

杜甫在夔州的生活状况很不错，并在这里待了一年零九个月，写了四百五十多首诗，占了他全部诗文近三分之一。生活的安定，为其创作提供了适宜的环境。

然而，前面已经说过，杜甫是愿意有所作为的，即使他现在已经年老，而且还有疾病在身，但他仍坚持理想，于是决定离开夔州。他带着家眷乘舟顺流而下，到过衡州（今湖南衡阳市）、潭州（今湖南长沙市）。此时的杜甫身体已经很衰弱了，但他仍写下了忧国忧民的《登岳阳楼》，诗的最后一句“戎马关山北，凭轩涕泗流”，充分体现了诗人的家国情怀。

大历五年（770 年）冬，杜甫病卒于从潭州到岳州（今湖南岳阳市）的水路上。因家里太穷，家人只得将其葬在岳阳市所属的平江县小田。直到杜甫去世四十三年后（813 年），杜甫的孙子杜嗣业才把祖父的尸骨迁回祖坟所在地——河南偃师杜楼村，同时请当时的大文豪元稹写了一篇墓志铭。

杜甫诗歌的艺术成就

杜甫的一生及其结局应该说是不幸的，但他在诗歌方面留下了不可磨灭的足迹。杜甫用毕生的精力进行创作，为我们留下了一千四百多首诗歌，这些诗歌极具审美价值和现实主义精神，在思想和艺术上都达到了完美统一的境地，从而把古代诗歌创作推向了一个高峰。

首先，杜甫以现实主义的创作手法，用诗歌反映当时社会的现实状况。我们知道，杜甫一生既经历了唐朝的开元盛世，也看到了安史之乱后王朝由盛转衰的社会面貌。他从现实出发，对那些具有代表性的事件和人物进行加工提炼，再用诗的形式表达出来，比如《兵车行》、《丽人行》、“三吏”、“三别”这些叙事性较强的诗篇，都是从真实生活中概括出它们的意义，也揭示出那个时代的真实面貌和本质特征。我们读杜甫的诗，就好像触摸到了那个时代的脉搏，闻到了那个时代特有的气息，看到了那个时代斑驳的色彩。杜甫的诗被称为“诗史”，是与其现实主义诗歌艺术成就分不开的。

其次，杜甫的诗具有“沉郁顿挫”的艺术风格。“沉郁”是就内容而言，“顿挫”是就形式而言。比如《自京赴奉先县咏怀五百字》《北征》，就是这种风格的典型作品。诗的内容博大深广，诗人的感情悲凉激愤，言近而旨远，思深而情苦。当然，这与杜甫的创作态度严谨又富于创新，语言讲究格律又追求诗韵有很大关系。

再次，杜甫的诗歌体裁多样。无论是重要题材还是一般题材，杜甫都会根据立意的需要选择适当的体裁，无不得心应手。

乐府歌行是其常用的体裁，但他又不拘泥于陈套，而是自拟新题，比如《塞芦子》《悲陈陶》《哀江头》等。五古是汉魏六朝时逐渐形成的，杜甫常用它来叙述百姓的疾苦和自己的不幸，兼具叙事和抒情。七古是五古的发展，在当时还算新体，杜甫多用它来表达忧国忧民的情怀。律诗是唐代新兴的诗体，杜甫用它创作了《春望》《春夜喜雨》等，对仗工整，韵调和谐，对律诗的发展做出了很大贡献。

最后，杜甫的诗歌在语言上也颇具魅力。杜甫作诗时字斟句酌，甚至有“语不惊人死不休”的意味。比如“朱门酒肉臭，路有冻死骨”词简义丰，概括了当时社会阶级矛盾的实质；“两个黄鹂鸣翠柳，一行白鹭上青天”语言色彩鲜明，勾勒出一幅生机盎然的风景画卷。又如“身轻一鸟过”的“过”字，“暮投石壕村”的“投”字，均准确精练，颇有神韵。

杜甫的爱国忧民情怀

杜甫是一位诗人，更是一位有理想、有抱负的知识分子。他出生于官宦人家，自幼受儒家思想的教育，有着爱国忧民的情怀和一颗仁爱之心。

他在《自京赴奉先县咏怀五百字》中写道：“许身一何愚，窃比稷与契。居然成濩落，白首甘契阔。盖棺事则已，此志常觊豁。穷年忧黎元，叹息肠内热。取笑同学翁，浩歌弥激烈。非无江海志，萧洒送日月。生逢尧舜君，不忍便永诀。当今廊庙具，构厦岂云缺。葵藿倾太阳，物性固难夺。”意思是：我对自己有一个不合时宜的比喻，就是要做像尧舜时代的后稷和契那样的忠臣，这个志向至死不休，常常希望实现这一理想。我还时常关心百姓的生活，特别是在光景不好的年头，我更会担心百姓的生存问题。我并不是不懂得享受自由自在的生活，而是自己遇到了像尧舜一样的明君，当然不能放弃为国家做事的机会。我爱国忧民的情怀，就像向日葵随着太阳转动一样，已经成为自己的本性。

正是因为这种信念，在安史之乱爆发后，他将家中妻儿安顿好，就立刻投奔刚即位的唐肃宗皇帝。在被叛军抓到后，他的意志也没有消沉，而是伺机逃走，继续投奔。此时，他的忠君和爱国是一体的，他希望为新皇帝和这个国家效力。

在听说唐朝军队收复洛阳、郑州和开封等地，叛军头目纷纷投降后，杜甫创作了《闻官军收河南河北》：“剑外忽传收蓟北，初闻涕泪满衣裳。却看妻子愁何在，漫卷诗书喜欲狂。白日放歌须纵酒，青春作伴好还乡。即从巴峡穿巫峡，便下襄阳向洛阳。”诗人兴奋、激动、欣喜若狂的心情跃然纸上。在杜甫看来，唐军是国家的正义之师，而安史乱军则是分裂国家的不义之师，唐军的胜利维护了国家的统一。这首诗体现了诗人心忧国家、心系天下的情怀。

至于忧民，则体现了杜甫作为儒家知识分子所具有的仁爱精神。杜甫从赴奉先县回家探亲，抵家时才发现幼子已经饿死了。在巨大的悲痛中，他“默思失业徒，因念远戍卒”，将爱推己及人，想到了那些更穷苦的百姓和边疆戍卒，真是忧比南山，感慨无量。他所创作的著名组诗——“三吏”“三别”，如同六出感人肺腑的悲剧，不仅让我们读到了战争的痛，也读到了杜甫对百姓的关心和担忧。特别是《茅屋为秋风所破歌》中的“安得广厦千万间，大庇天下寒士俱欢颜，风雨不动安如山。呜呼！何时眼前突兀见此屋，吾庐独破受冻死亦足”。诗人把解救苍生视为自己的使命，每读至此，我们都会被他崇高的人格和心系天下的情怀打动。

韩愈

有道能文

韩愈（768—824），字退之，河阳（今河南孟州市）人。自称「郡望昌黎」，故世称「韩昌黎」「昌黎先生」；去世后追赠礼部尚书，谥号「文」，故称「韩文公」。唐代杰出的思想家、文学家，有《昌黎先生集》传世。其主要事迹记载于《旧唐书·韩愈传》和《新唐书·韩愈传》中。作为思想家，韩愈的「道统」学说成为「道学」或「理学」的前奏；作为官员，他强调「大一统」思想，用实践维护国家统一，并主张实行仁政，关心百姓疾苦，身体力行；作为文学家，他是唐代古文运动的倡导者，被尊为「唐宋八大家」之首，有「文章巨公」和「百代文宗」之名，后人将其与柳宗元、欧阳修和苏轼并称为「千古文章四大家」。

他位居“唐宋八大家”之首，有着“文章巨公”和“百代文宗”之名，宋代文学家苏轼称赞他：“文起八代之衰，而道济天下之溺；忠犯人主之怒，而勇夺三军之帅。”此人就是唐代的韩愈。

韩愈生平

韩愈，原籍孟州河阳（今河南孟州市），生于唐代宗大历三年（768 年），卒于唐穆宗长庆四年（824 年），一生经历了唐代宗、唐德宗、唐顺宗、唐宪宗、唐穆宗五朝。关于韩愈的出生地，从现在掌握的资料看，一种可能是在江南上元（今江苏南京市），另一种可能是在洛阳。但那个时代的人非常讲究“郡望”，所谓“郡望”就是某一地域或范围内的名门大族，这是六朝时期门阀制度的遗习。昌黎（今辽宁义县）姓韩的一族最为强盛，因此韩愈也随着社会风气自称“昌黎韩愈”，“韩昌黎”之称便由此而来。

韩愈出生在一个官僚世家。远祖韩茂，北魏时曾任尚书令等官，死后谥号“桓王”。曾祖父韩泰，唐初担任过曹州司马。祖父韩睿素担任过桂州长史。父亲韩仲卿担任过武昌县令、鄱阳县令，是个比较清廉的官吏，和大诗人李白、杜甫都有过交往。他死后，李白还为其写过《武昌宰韩君去思碑》，称赞他的政绩。然而不幸的是，韩愈三岁时父亲就去世了，是长兄韩会和长嫂郑氏把他抚养成人的。

虽然年幼丧父，但生于官僚知识分子家庭的韩愈仍受到了良好的教育。《新唐书·韩愈传》中说：“（韩）愈自知读书，日记数千言。”韩愈自己也说：“生七岁而读书，十三而能文。”韩愈后来能有独到的见解和如此高的文学成就，是与他年轻时勤学苦读，积累了深厚的学识分不开的。

在当时，通过科举走上仕途是绝大多数读书人的出路，韩愈自不例外。然而，他三次应考进士皆落第，直到第四次才考上。中了进士的韩愈，又两次参加了博学宏词科的考试，结果也以失败告终。于是他辗转奔走，自唐德宗贞元十二年（796 年）起，先后在宣武节度使董晋、徐州节度使张建封的幕下任幕僚。终于在贞元十七年（801 年），韩愈的机会来了，他第一次正式当上了朝廷命官，得到了国子监四门博士的职位。这在韩愈一生中是一个重要的转折，开始了他沉浮不定的官宦生涯。

贞元十九年（803 年），韩愈升任监察御史，职责是谏正皇帝和弹劾百官。当时，柳宗元和刘禹锡也担任监察御史，三人志同道合，交情很深。然而，韩愈在监察御史任上还不到一年，就受冤屈被贬为阳山县令。后来，韩愈被召回京，任国子监博士一职。以后又分别担任东都都官员外郎、中书舍人、刑部郎中等职。唐宪宗元和十四年（819 年），韩愈上《论佛骨表》，反对皇帝崇信佛教引得皇帝大怒，要处死韩愈，亏得韩愈的朋友裴度等人求情，最终将其贬为潮州刺史。唐宪宗去世后，唐穆宗继位，又将韩愈召回长安任国子祭酒，后转为兵部侍郎、吏部侍郎，因此后世称韩愈为“韩吏部”。

长庆四年（824 年），韩愈生病后向朝廷告假获准，迁到长安城南乡下养病。这一年的冬天，韩愈病情加重，最终溘然长逝。朝廷追封他为“礼部尚书”，谥号“文”，因此韩愈又被称为“韩文公”。

韩愈死后，他的门生李汉把搜集到的遗文，包括赋、古诗、联句、律诗、杂著、书、启、序、哀辞、祭文、碑志、表状等七百余篇，编成四十一卷，这就是《昌黎先生集》。对韩愈的诗文，从宋朝开始就不断有辑佚，因此篇数已超过李汉所编的文集。

纵观韩愈的一生，他兼有思想家、官员、文学家三种身份，而每种身份都与他所处的时代息息相关。

身为思想家的韩愈

提到唐代，我们往往会想到“贞观之治”“开元盛世”，会想到“唐太宗”“武则天”“唐玄宗”。然而，韩愈生活的年代，唐朝已经过了它的鼎盛时期，开始走向衰落，其转折事件就是安史之乱。这个长达八年的战乱使唐朝的经济、文化遭到了严重破坏，百姓流离失所，负担沉重。安史之乱虽然最终被平定，但其直接后果是形成了军阀割据的局面，军阀（节度使）各占据一块地盘，拥兵自重，随时都有反叛的可能，朝廷难以控制。加之此时社会上佛、道两教流行，僧侣、道士不事生产，不仅加重了百姓的负担，而且儒家正统思想的地位也受到挑战，破坏了封建秩序。朝廷内部则是宦官专权，朝臣和武将得不到信任，朝政腐败、混乱。而西边的两大劲敌回纥和吐蕃，也时常前来侵扰。

面对这种局面，一些官僚和知识分子试图重振大唐雄风，创造一个“中兴”的局面，韩愈就是代表人物之一。

韩愈的主要思想就是他的“道统”说，即排斥佛教、道教，主张恢复两汉时期孔孟之道的正统地位。这体现了作为知识分子、忧患之士的韩愈特有的政治触觉，他以儒家入世进取的政治态度表达了治国安民的思想。

中年时的韩愈在写《原道》时，就以儒家孔孟的捍卫者自居。他说：“夫所谓先王之教者，何也？博爱之谓仁，行而宜之之谓义，由是而之焉之谓道，足乎己无待于外之谓德。其文：《诗》《书》《易》《春秋》；其法：礼、乐、刑、政；其民：士、农、工、贾；其位：君臣、父子、师友、宾主、昆弟、夫妇；其服：麻、丝；其居：宫、室；其食：粟米、果蔬、鱼肉。其为道易明，而其为教易行也。是故以之为己，则顺而祥；以之为人，则爱而公；以之为心，则和而平；以之为天下国家，无所处而不当。是故生则得其情，死则尽其常。效焉而天神假，庙焉而人鬼飨。"

文中，韩愈把儒家道统归纳为"仁、义、道、德"，这是他对封建社会从经济基础到上层建筑的理解和概括。在韩愈看来，儒学是中国古代社会长期形成的文化积淀，与从外域传来的佛教相比，儒学具有鲜明的民族特色，在中华文化史上占据重要地位。与中国传统的黄老之学和别家之说相比，儒学内容要丰富得多，对中华民族文化思想、伦理道德的影响更大。要想挽救唐帝国日趋衰落的命运，稳定和巩固中央政权，促进贞元、元和年间"中兴"的局面，就必须举起反佛、反道的大旗，恢复两汉时期儒家孔孟之道的统治地位，以此整饬社会思想和风尚。

他指斥佛教的社会虚无观，认为推崇佛教就是毁灭"先王之法""圣人之道"，就是毁灭"圣人"所创造的人类文化之精华。他指斥道教不讲仁义道德，说他们侈谈唐、虞、三代、"遂古之初"，是"以僻民和，以导民乱"。唐宪宗元和十四年（819 年），皇帝要把陕西凤翔法门寺的一块“佛骨”迎入宫中供奉，韩愈挺身而出，上表直谏（《论佛骨表》），认为这是“伤风败俗，传笑四方”的丑事，要求皇帝“以此骨付有司，投诸水火，永绝根本，断天下之疑，绝后代之惑”。结果惹得一心崇佛的皇帝大怒，将其贬为潮州刺史，就这样也没有动摇韩愈排佛的意志。

必须承认，韩愈对佛教和道教的评说并不完全对，但他一针见血地指出了当时佛、道二教盛行的弊端，要求恢复儒家孔孟之道，这是适应当时社会需要的。

应该看到，韩愈的道统思想上承孔孟，下启程朱，开宋代理学“道统论”之先河，在中华儒家思想发展史上，是承前启后、联结两端、不可或缺的中间环节。从内容上讲，“道统”之“道”的内涵是仁义，程朱在仁义之道的基础上以天理论道，把哲学本体论与儒家伦理学结合起来，这是对韩愈及传统道统论的发展。从形式上看，北宋范仲淹首倡“义理”，张载则直接用了“道学”一词。南宋理学集大成者朱熹将韩愈的儒家仁义之道代相传授的思想正式定名为“道统”，并将二程接续到这个传授系统中。因此，可以说韩愈的“道统”是“道学”或“理学”的前奏。

身为官员的韩愈

思想往往指导行动，作为官员和知识分子的韩愈，将其“道统”思想付诸实践。主要体现在以下两个方面。

一是强调“大一统”思想，用实践维护国家统一。面对安史之乱后军阀割据、国家时刻有分裂危险的局面，韩愈沿袭了汉代董仲舒提出的“大一统”思想，主张加强中央集权，削弱割据势力。他强调“四海九州，罔有内外，悉主悉臣”。他在《原道》中提出：“臣者，行君之令而致之民者也。”“臣不行君之令而致之民……则诛。”这些话虽然直接针对的是佛、道二教横行的后果，但也未尝不是对藩镇各自为政的指责。他在《守戒》一文中指出：“诸侯之于天子，不惟守土地、奉职贡而已，固将有以翰蕃之也。”意思是节度使镇守各地，为的是保卫中央政权和国家统一，而不是各怀异心，割据一方。

元和九年（814年），彰义军节度使吴少阳之子吴元济发动叛乱，在朝廷进讨与姑息的一场大辩论中，韩愈坚决站在主战派裴度一边，向唐宪宗上《论淮西事宜状》，分析了必胜之道，促使唐宪宗下定决心。后来在讨伐吴元济的战役中，他作为司马出征，为削平藩镇割据势力做出了贡献。就在他去世前两年，还勇敢地承担了说服叛将王庭凑的危险使命，为朝廷解决了燃眉之急。

可以看到，反对军阀战乱，积极维护国家统一，并为国家统一事业出力，是韩愈作为官员在政治上的重要表现之一，目的自然是希望唐王朝能够长治久安，出现“中兴”的局面。

处于社会底层的百姓当然也希望政治安定，天下太平，因此韩愈的这些作为，也是符合百姓利益的。

二是主张实行仁政，关心百姓疾苦。安史之乱让大量百姓流离失所、处境艰难，而割据一方的军阀则拥兵自重，对地方百姓进行盘剥。韩愈痛恨虐政而主张实行仁政，他说百姓从来没有离开过自己居住的村子，有了委屈基本不可能到州、县的衙门申诉。官吏们不了解下情，只知道一味地盘剥，这让百姓怎么生存呢？由此可见他对苛政的态度。

在做监察御史期间，京师地方春夏两季大旱，秋天闹了饥荒。京兆尹李实贪财如命，不管百姓的死活，依旧对他们进行盘剥，以致百姓流散。韩愈在路边看到将要饿死的人非常难过，以至于回家都吃不下饭。身为御史有责任向皇帝进言，于是韩愈写了一篇《御史台上论天旱人饥状》，请求皇帝减免百姓的租税，给他们休养生息的机会。这篇奏疏得罪了李实，韩愈虽被贬官，但他并不后悔。

前面提到韩愈因上《论佛骨表》被贬潮州。他反对佛教、道教，一方面是要恢复儒家正统思想的地位，另一方面是看到了当时佛、道盛行对百姓的危害。大批的出家僧尼和道士都是不事生产的寄生阶层，这些人不服徭役，不缴纳赋税，使本来负担很重的百姓更是雪上加霜。他还尖锐地指出了僧尼、道士借传教侵占百姓的土地、诳骗民财的行径，“因山野立浮屠老子象，以其诳丐渔利，夺编人之产”（《江南西道观察使赠左散骑常侍太原王公墓志铭》）。这是他关心民瘼的表现。

被贬为潮州刺史后，鉴于当地文化落后，韩愈兴办州学，并从自己的俸禄中拿出一部分钱来资助。苏轼在《潮州韩文公庙碑》一文中对韩愈惠民的举措大加赞赏。后来，韩愈又到袁州上任，同样关心百姓疾苦。袁州有些人因为水旱灾害生活不下去，不得不把孩子典押给别人，借钱生活。到期如果还不上钱，被典押的孩子就会终身沦为奴仆。韩愈见此，下令累计这些孩子为奴期间的工价，等到典押的钱数能还清债务时，被典押的孩子就可以恢复自由，与家人团聚。

可以说，韩愈虽然算不上一位出色的政治家，却称得上是一位有德政的好官。他不计较个人得失而关心国计民生，有治国平天下之志和言行一致的品德，这对后世的政治思想家如范仲淹、王安石、司马光等都产生了影响，同样也值得我们学习。

身为文学家的韩愈

韩愈在文学上最主要的成就是领导了古文运动，并取得了巨大的成功。苏轼称赞他“文起八代之衰”，指的就是这件事。

所谓古文运动，是用质朴刚健的散文取代绮丽柔靡的“骈文”的文体和文风的改革运动。骈文起源于东汉而盛行于魏晋南北朝，隋唐时期仍十分流行，并保持着旺盛的生命力，被称为“时文”。骈文这种文体由两两相对的句子组成，讲究声律和谐。有的作者为了炫耀才华，处处引用典故，并配以华丽的辞藻。应该承认，骈文也有好的作品，但是隋唐时期骈文越来越堕落，内容空洞，形式僵化，华而不实，成了文字游戏之作。韩愈提倡的“古文”，是要从语言到文风继承先秦两汉诸子和史传的传统，注重文章的政治文化价值。

韩愈约从二十五岁开始就积极倡导古文运动，直至他去世前都在为之奋斗。韩愈把文学看作社会生活激发的产物，同现实情况密切相连，他提倡古文运动的目的就是复兴儒家道统。为此，他指出：“君子居其位，则思死其官；未得位，则思修其辞以明其道，我将以明道也，非以为直而加人也。”（《诤臣论》）因为文章是宣扬思想的载体，而古文更是古圣先贤用来传达个人见解的工具，并且取得了很好的效果，所以要将古文与“道”联系起来。他在《答李秀才书》中说：“愈之所志于古者，不惟其辞之好，好其道焉尔。”可见，古文运动思想的核心就是强调道统，阐明文与道之间的关系，提倡以写作古文来发明圣人之道。

那么，什么是“道”呢？韩愈认为就是孔孟讲的“仁义”之道，就是从尧舜一直传到孟子的道。为了使唐朝统治秩序得到巩固，王朝得以复兴，社会得以安定，就必须振兴这个道，“古文”的价值就在于体现这个“道”。也就是说，是经世致用的儒家思想促成了韩愈进行文体文风的改革。从结果看，古文运动取得了成功，它一改魏晋以来浮华奢靡的文风，使散文创作成为当时的文学潮流，并由此带动了一批“古文”作家。韩愈于此的贡献受到了当时和后世之人的肯定。

总结历史，韩愈倡导古文运动能够取得成功主要是因为他的主张适应了当时社会的需要，处于亟待“中兴”的唐王朝，需要的不是华而不实，而是经世致用；加之韩愈才华横溢、博学多才，并且具备开创的勇气和奋斗的精神。

除了成功倡导古文运动外，韩愈本人在散文和诗歌创作方面也成就显著。今天我们能够见到韩愈的散文有三百余篇，可以分为议论文、记叙文和抒情文三大类。

其中议论文又可细分为五种。

一是政论文。比如《守戒》《御史台上论天旱人饥状》《论佛骨表》都属于这一类，多是针对现实问题而发，体现了韩愈的政治眼光和见解。

二是哲学论文。比如《原道》《原人》《原性》等，这些文章体现了韩愈的社会观、人生观和价值观。

三是文论。比如《答崔立之书》《答陈生书》等，大多是与韩愈倡导古文运动相关的书信，讨论了如何做学问、写文章，体现了韩愈的文学观、文艺观。

四是杂文。比如《杂说四首》，是借此喻彼，为“愤世嫉邪”而作。又如《原毁》，是研究人们彼此毁谤之根源的文章，颇有警世的作用。再如我们熟悉的《师说》，作者以自己好学来鼓励别人要刻苦学习。

五是读书笔记。比如《读荀》《读仪礼》《读〈墨子〉》等，从中可以发见韩愈的关注点和思想。

记叙文则包括一些传记、行状、碑铭、墓志等。比如《张中丞传后叙》一文，赞颂了在平定安史之乱中涌现出来的张巡、许远等人物的事迹。又如《赠太傅董公行状》一文是韩愈为董晋写的传。董晋一生为官，可该文只写了他的三件事，即以理服回纥、安抚李怀光不参与朱泚叛乱和勇敢地进入随时可能发生叛乱的汴州任节度使。从这些文章可以看出，虽然写的是他人的事迹，但韩愈的着眼点却与自己的思想是一致的，就是要有治国安邦的责任感和使命感，要维护国家的统一、政权的稳定。

抒情文则包括他赠送别人的一些类似赠言的《序》

文，以及哀辞、祭文等。韩愈通过这些文章将自己人生的遭际表达了出来。

现代学者总结韩愈散文的特点是：气势充沛，豪逸奔放；曲折多姿，变幻莫测；逻辑严整，锐利雄辩；想象丰富，巧于取譬；融汇古今，富于独创。

除散文之外，韩愈还是一位诗人。韩愈在学习和借鉴李白、杜甫等前辈诗歌艺术的同时，又将自己的创新思想融入其中，“以文为诗”“以议入诗”是其诗歌不同于前人之处。所谓“以文为诗”，就是以先秦两汉古文的笔法和形式进行诗歌创作，也就是以古文入诗，像《落齿》一诗：“去年落一牙，今年落一齿。俄然落六七，落势殊未已。……”虽为五言一句，却仍是平铺直叙的散文写法。“以议入诗”则是在诗中作长篇的议论。对这两种作诗之法，后人褒贬不一，批评者认为这样的诗过于草率而失去了诗的味道。应该承认，韩愈的诗比起他的散文来要逊色一些，但他的一些诗表达了对百姓疾苦的同情，表达了忧国忧民的情怀，这一点是值得我们肯定的。此外，韩愈的诗风也影响着后代的诗人，叶燮在《原诗》中就说：“唐诗为八代以来一大变，韩愈为唐诗之一大变，其力大，其思雄，崛起特为鼻祖，宋之苏（舜钦）、梅（尧臣）、欧（阳修）、苏（轼）、王（安石）、黄（庭坚），皆愈为之发其端，可谓极盛。”

白居易

江州司马青衫湿

白居易（772—846），字乐天，号香山居士，唐代伟大的现实主义诗人。《旧唐书》卷一六六、《新唐书》卷一一九有传。白居易生活在唐朝逐渐衰落的时代，一生经历了代宗、德宗、顺宗、宪宗、穆宗、敬宗、文宗、武宗八朝。他年少时便显露诗才，步入官场后想施展才能，有一番作为。为此，他写成《策林》七十五篇，提出广开言路以及『节财用，均贫富，禁兼并，止盗贼，起廉让』等主张。只可惜，生不逢时，白居易的政治理想没能实现。但他始终不放弃自己的原则和立场，不与权贵同流合污；任地方官时，他勤政爱民，赢得了百姓的称赞。他所写的诗篇，贴近生活，反映社会现实，被广为传诵，产生了深远的影响。

“离离原上草，一岁一枯荣。野火烧不尽，春风吹又生。”“卖炭翁，伐薪烧炭南山中。满面尘灰烟火色，两鬓苍苍十指黑。”“人间四月芳菲尽，山寺桃花始盛开。”这些脍炙人口的诗句，均出自一位大诗人之手，他就是白居易。

年少显诗才

和李白、杜甫不同，白居易没有经历过唐朝“开元盛世”的繁荣，对他来说，“忆昔开元全盛日，小邑犹藏万家室”应该只从父辈那里听说过。

安史之乱后的唐代宗大历七年（772 年），白居易出生在河南新郑。安史之乱对于唐朝来说是一个由盛到衰的转折点，此时一向被人们称道的大唐盛世，在近十年兵革的摧残下已经一去不复返，继之而来的是藩镇割据、宦官专权，百姓则流离失所，生活困苦。白居易生于书香家庭，其父白季庚做过几任地方官，他正直清廉，过着一般官吏的生活。白居易十一二岁时，正赶上军阀李正己割据河南十余州，不服从朝廷的号令。白季庚因劝说徐州刺史李洧脱离平卢节度使李纳（李正己之子）的羁绊服从中央而有功，升任徐州别驾（州刺史的辅佐官员）。他眼看北方要继续战乱下去，于是决定送儿子到南方避难。就这样，尚未成年的白居易过起了南北奔走的生活，这种饱经苦难的经历对他后来成为一个了解百姓疾苦、关心百姓生活的现实主义诗人，是有很大影响的。他在一首诗中这样写道："时难年饥世业空，弟兄羁旅各西东。田园寥落干戈后，骨肉流离道路中。"对百姓生活的艰难困苦充满了同情和伤感。

白居易很早便开始了诗歌创作，而且水平很高。据说有这样一个故事：十六岁那年，白居易到了唐朝首都长安。一次，他拿着自己作的诗去拜见一位有名望的诗人顾况。顾况性格高傲，将他人的作品不放在眼里，特别是看到只有十六岁的白居易，便更有轻视之心。当他看到诗卷上"白居易"三个字后，戏谑地说："白——

居——易？可知道长安的米价昂贵，白居是大不易呢！”但当他打开诗稿时，立刻就被许多动人的诗句打动了，特别是他读到“离离原上草，一岁一枯荣。野火烧不尽，春风吹又生。远芳侵古道，晴翠接荒城。又送王孙去，萋萋满别情”这首《赋得古原草送别》后，更是大吃一惊，反复吟咏，十分赞赏，随后改口说：“能写出这样的好诗，在长安住下来是不难了。”

这首诗至今仍为人们所传诵。春草有着顽强的生命力，野火纵然肆虐，也奈何不了它。诗中既描述了自然界的实际情况，又联系到人，也应该像野草一样坚韧而不怕磨难，要顽强地生存下去。应该说这是白居易在经历漂泊的生活后产生的感想与慨叹，情真意切，况味无穷，体现了诗人白居易的才情和诗歌造诣。

初入官场

在长安居住，开销确实很大，当时白居易还没有做官，生活的压力让他倍感艰难。两三年后，白居易就从长安回到了家乡。

回到家中的白居易，没有因为自己取得的一些成绩而沾沾自喜、志得意满，他的志向是要成为一个具有真才实学的人，为国家做出自己的贡献。于是，他更加刻苦地学习。后来，他回忆自己这段学习时光时说："我白天读赋，晚上读诗，每天在书案上练习写字，手肘都磨出了茧子。"

白居易刻苦攻读，为的是走科举这条路。在当时，通过科举取得功名是读书人的最好出路。唐德宗贞元十五年（799 年），二十八岁的白居易拜见了宣歙观察史崔衍，崔衍很赏识他，推选他去应考。

白居易没有辜负崔衍的希望，次年中进士第四名。考取进士，在当时是一件非常荣耀的事，这时的白居易虽然已经二十九岁，但在考取进士的十七人中却是最年轻的。因此，他有"慈恩塔下题名处，十七人中最少年"的诗句。唐代考取进士者照例要在慈恩寺塔（大雁塔）下题名，以示荣耀。

四年后，白居易又应吏部的考试列入甲等，被任命为秘书省（古代中央政府掌管图书的官署）校书郎。这个职位负责管理国家的图书，级别比较低，而且没有施展抱负和才能的机会，这令想在政治上有所作为的白居易颇感不快。也是在这次吏部考试上，元稹同时登科，被任命为秘书郎。元、白二人的深厚友谊从此开始，并传为一段佳话。

当上了校书郎，也算走进了官场。然而，白居易看到的却是官场中争名夺利、互相排挤、结党营私的不堪场面。有一次，他愤慨地说："长安不过是争名逐利的名利场，就连鸡狗都不能安居了。"这对于一个初入官场、有着崇高理想的人来说，是一种打击，更是一种刺激。

唐宪宗元和初年，白居易与元稹将应制举，二人"闭户累月，揣摩当代之事"，并把想法写成文字，最终写成《策林》七十五篇。

我们今天提到白居易，谈论更多的是他的诗歌，其实他的政治思想也是很有见地的。他见到朝政的腐败，认为要使国家政治清明，就必须广开言路，使民情可以上达。因此，他非常推崇周代的采诗官制度，认为这是"上下交和，内外胥悦"的一种必要方式。此外，白居易认为国家的虚弱、政治的腐败、百姓的贫困，归根结底是由于统治集团的腐朽堕落、挥霍浪费、战争不断导致的，所以他提出了"节财用，均贫富，禁兼并，止盗贼，起廉让"等主张，并提出了一系列具体措施。应该说，白居易对当时形势的分析是正确的，也是较为全面的。他虽然没有做高官，但切实从国家利益和民生角度出发，表达了自己的想法。

关心百姓疾苦的县尉

唐宪宗元和元年（806年），白居易参加了朝廷举行的制举考试，他指出要安抚百姓，就要减轻赋税，而且盗贼是否存在，取决于官吏的好坏。这些话切中时弊，很有见地。但这也触痛了为官者的伤疤，是考官所不愿意看到的，于是他们以出言太直为由，给了白居易一个很小的官职——盩厔（Zhōuzhì，今陕西周至县）县尉。

县尉与县丞同为县令的佐官，执掌治安捕盗之事。这当然也不是白居易想做的职位，因而有了“一为趋走吏，尘土不开颜”的感叹。

然而，县尉这个职务使白居易有了更多的机会接触农民，使他更加深刻地体会到农民的苦难。于是，在他的笔下出现了许多劳苦大众的形象，同时也对当时统治者的奢侈进行了揭露和谴责。其中有一首为人们所熟悉的古诗《观刈麦》：“田家少闲月，五月人倍忙。”一上来就描绘了农民在田间辛勤劳作的景象。接着，还有更惨的场景：“复有贫妇人，抱子在其傍。右手秉遗穗，左臂悬弊筐。听其相顾言，闻者为悲伤。家田输税尽，拾此充饥肠。”原来，贫妇人家里割下的麦子已经全部拿去交税了，如今只能靠拾取些麦穗勉强度日。这个场景与“贞观之治”“开元盛世”简直不能相比。当时，官府不顾百姓的死活，一味地索取征收。最后，诗人发出慨叹：“今我何功德，曾不事农桑。吏禄三百石，岁晏有余粮。念此私自愧，尽日不能忘。”白居易没有因为自己所处的地位而逃避现实，他把农民的困苦与自己生活的优裕做了鲜明的对照，由此感到自愧，这是他爱民、重农思想的体现。其实，县尉的俸禄并不高，白居易此处还有暗比，就是那些京城的达官贵人比自己的俸禄不知高了多少，他们只知道过锦衣玉食的生活，而不顾百姓的温饱，这是为官者的失职，甚至是罪恶。白居易诗歌的现实主义成分正体现于此。

盩厔这个地方，离马嵬坡不远。提到马嵬坡，就让人想到安史之乱，想到唐玄宗和杨贵妃。这里正是杨贵妃自缢的地方。一次，县尉白居易与友人陈鸿、王质夫等到马嵬坡附近的仙游寺游览，谈及李隆基与杨贵妃之事，大家多发感慨。朋友劝白居易把这件事写成长篇叙事诗，于是就有了流传千古的《长恨歌》。这首诗，一方面体现了诗人对唐玄宗和杨贵妃的爱情悲剧的同情；另一方面通过这段历史，让后人知道国君荒废国政的下场，并引以为戒。

直言进谏的“左拾遗”

元和二年（807年）秋，白居易被召回长安，做了翰林学士（负责为皇帝起草诏书）。次年五月，改任左拾遗，从而开启了他三年的谏官生涯。拾遗是谏官，职位虽然不高，却有批评朝政，向皇帝陈述己见的权利和机会。对于想有作为的白居易来说，能够获得这个官职自然是很高兴的。而且，他还表达了自己对这份工作的重视，以及鞠躬尽瘁的决心：“授官以来，仅将十日，食不知味，寝不遑安，唯思粉身，以答殊宠。”

果然，白居易没有违背初衷。他在任上敢于谏诤，敢于直言政治得失，表达自己的意见。他奏请免去江淮赋税以解救处在水深火热之中的灾民，又请释放宫人以减少宫中用度。一次，唐宪宗要让得宠的宦官神策军中尉吐突承璀领兵讨伐成德节度使王承宗的叛乱。在当时，宦官倚仗皇帝的恩宠飞扬跋扈，甚至把持朝政。如果再让宦官带兵，其势焰就更嚣张了。因此，白居易上书反对，言辞非常激烈，甚至当面跟皇帝争执起来，他大声说："你错了！"唐宪宗大怒，对大臣李绛说："白居易是我一手提拔起来的，居然敢这样放肆，实难容忍。"幸亏李绛说情，白居易才没有受到处分。他在诗中也表达了自己的刚直之气："至宝有本性，精刚无与俦。可使寸寸折，不能绕指柔。愿快直士心，将断佞臣头。不愿报小怨，夜半刺私仇。"

这期间还发生了一件事，就是白居易的好友元稹由监察御史被贬为江陵府士曹参军。原因是元稹在做御史时，举奏不避权势，因而受到权贵的忌恨。白居易非常激愤，冒着生命危险三次上书。在奏疏中，他列举了陷害元稹的权贵和宦官的许多罪恶。当然，白居易没能救出元稹，但他写了《和大嘴乌》这首寓言诗。诗人用大嘴乌代表狡猾的权贵，用鹦鹉代表正直敢言的谏官。大嘴乌因为善于欺骗而得逞，鹦鹉却因为直言而获罪，诗人在此表达了对于不合理的社会现实的不满，更体现了自己的正义感。

在谏官任上的三年，也是白居易创作的黄金时代。他最富于“人民性”的“救济人病，裨补时阙”的讽喻诗（包括《新乐府》五十首和《秦中吟》等诗）便是这个时候写成的。他还提出了自己的创作原则：“文章合为时而著，歌诗合为事而作。”将诗歌视为对当时社会面貌的反映，直接为当时的政治服务。

《新乐府》诗中最有名的一首就是《卖炭翁》了，这首诗意在揭发“宫市”的罪行。当时宫廷里需要的日用品，由官府负责向民间采购。德宗贞元末年，改为由太监直接办理，经常会派几百人到热闹的街坊。他们不携带任何文书和凭证，看到所需要的东西时口称“宫市”，随意付给很少的价钱，还要货主送到宫内，并向他们勒索“门户钱”和“脚价钱”。这一弊政给商人和手工业者造成了深重的苦难。诗中，“满面尘灰烟火色，两鬓苍苍十指黑”的烧炭翁辛辛苦苦烧成一车炭，本想卖个好价钱以维持生活，不料却遇到了负责采办的“宫市”，“半匹红纱一丈绫，系向牛头充炭直”。这是多么令人愤慨的行为，诗人在这里对他们的强盗行为和罪恶进行了揭露和抨击。此外，还有揭露统治者奢侈浮华生活的诗篇，如《红线毯》《买花》等。《红线毯》写的是宣州（今安徽宣城市）地方出产的一种红软的锦毯，用贵重的丝线织成。宣州太守为了获得皇帝的宠信，每年都要逼迫百姓为宫廷织造歌舞用的红毯。诗人在最后指责太守说："宣城太守知不知？一丈毯，千两丝。地不知寒人要暖，少夺人衣作地衣。"百姓尚未保暖，为官者却还一味地加以盘剥，阶级矛盾不断尖锐也就可想而知了。

白居易的讽喻诗题材广泛，直面社会现实，把统治者阴暗、丑恶的一面揭发出来，为的是掀起社会舆论，促使政治改革。但是，这种做法却遭到了权贵们的忌恨。

"江州司马青衫湿"

唐宪宗元和五年（810 年），白居易任左拾遗期满。他做谏官时因直言得罪了不少权贵，很多人将他视为眼中钉，于是便找借口把他调去做京兆府参军。这是明升暗降，实际是把他驱逐出近臣的行列，剥夺他进谏的权利。

次年，白居易的母亲病故，他因此要守孝三年。于是白居易全家在渭水北岸的一个小村庄居住下来。守孝期间，白居易经常与农民往来，因而对百姓的疾苦有了更多的了解。这段时间，他的生活是清苦的，没有了薪俸只靠几个朋友不时寄些钱物以维持家人的生活。但他的心情是愉快的，在朝中他感到的是相互欺诈、相互排挤、相互陷害的无情和冷漠，而在这里他接触的却是勤劳朴实的劳动者，这让他松了一口气，可以在此享受“人情味”。于是他写诗道：“村中相识久，老幼皆有情。”

三年时间过去了，对于前途的抉择摆在白居易的面前，是就此隐退，还是重新走上政坛？白居易选择了后者，因为他还是想尽自己之力，有所作为。

元和九年（814年），白居易又一次走进了长安，他出任的官职是左善赞大夫，这是一个专门陪太子读书的闲官。皇帝的意思很明确，就是让他不得过问政事，做好“文职”工作。这与白居易的初衷又是不相符的。

更加不幸的是，次年（815年），一场风波冲击了他。当时平卢节度使李师道暗中派人刺杀了宰相武元衡，刺伤了刑部侍郎裴度。白居易认为这是国家的奇耻大辱，他难以容忍这种叛乱行为，于是愤然上书，要求捕杀刺客。当时的权贵已经对白居易的直言怀恨在心，这次他们抓住时机，借口白居易不是谏官而越职上书与法制不合，对他进行攻击。

最终一纸令下，白居易被贬为江州司马。在唐代司马一职是没有实权的，只是留给被贬官员的一个名号。

到江州不久，白居易就给老友元稹写了一封长信，这就是《与元九书》。在信里，白居易对自己几十年的创作活动和文学思想做了总结。

白居易认为，文学是反映社会现实的工具。他列举了古代的一些民歌，认为文学一开始就是根植于社会现实生活中的。文学的价值就在于能够真实地反映社会的面貌，帮助人们清楚地认识社会问题。因此，他反对“嘲风雪，弄花草”的形式主义作品，强调文学要为改善社会服务。

此外，白居易还谈到诗歌的特点，认为诗歌不是用理论来说服人，而是用深厚的情感来感染人。他打比方说，一首诗就像一株果木一样，感情是根，语言是苗叶，声韵是花，意义是果实。没有感情的诗歌，就是没有根的果木，是没有生命力的。一首好诗，应该是思想感情和语言艺术的全面结合，而其中特别重要的又是思想感情，它是一首诗的生命和价值所在。他还特别赞赏《诗经》这部作品，认为其中有很多描写百姓生活、表达人们思想愿望的优秀民歌，其可贵之处就在于它直接反映了百姓的疾苦，表达了人民的爱憎情感。

白居易的文学和诗歌理论具有进步意义，他的诗歌既有情感，又反映了百姓的生活和社会现实，因此成为我国伟大的现实主义诗人，为我国现实主义文学的发展做出了积极的贡献。

在江州司马任上，他写了一首长诗，即《琵琶行》，末句的“江州司马青衫湿”中的“江州司马”就是指诗人自己。这首诗对后世的古典戏曲也产生了影响，元代戏曲家马致远曾根据这首诗写了《青衫泪》这一剧本，清代学者、戏曲家蒋士铨也根据此诗写了剧本《四弦秋》。

直到今天，这首诗中“千呼万唤始出来，犹抱琵琶半遮面”“嘈嘈切切错杂弹，大珠小珠落玉盘”“别有幽愁暗恨生，此时无声胜有声”“同是天涯沦落人，相逢何必曾相识”等名句，仍为人们所传诵。

忠州—杭州—苏州—洛阳

元和十三年（818 年）十二月，白居易得到敕令，由江州司马升为忠州（治今重庆忠县）刺史。忠州的百姓生活困苦，白居易到任后，尽力减免徭役赋税，并亲自指导人们开垦荒地发展生产，使当地百姓的生活有所改善。

元和十五年（820 年），唐宪宗去世，唐穆宗继位，白居易被召回长安。这次，年近五十的他仍怀着一腔抱负，想担负起治理国家的责任。谁知，唐穆宗将其召回主要是看中了他的文学才能，而不是重视他的政治才干。白居易几次上书论得失，都被唐穆宗驳回。面对此景，白居易有些沮丧。他认为与其这样庸庸碌碌，不如出任地方官，为百姓实实在在地做一点事。

唐穆宗长庆二年（822 年），白居易外调任杭州刺史。在这里，他为百姓做了不少实事，如疏通水道，解决居民生活中的用水困难，修护堤防，引湖水灌溉田地，等等。长庆四年（824 年），刺史任期已满，白居易被调往洛阳。临行时，杭州百姓纷纷出门相送，表达不舍之情。

到洛阳不久，唐敬宗宝历元年（825 年），白居易又接到去苏州任刺史的命令，于是他再次南下。在苏州任上，他依旧不忘百姓的疾苦，兢兢业业地做事。然而由于身体的原因，他主动提出辞官的申请，并得到批准。临别苏州时，他写了《别苏州》这首诗以表达自己的情感：“浩浩姑苏民，郁郁长洲城。来惭荷宠命，去愧无能名。青紫行将吏，斑白列黎甿。一时临水拜，十里随舟行。饯筵犹未收，征棹不可停。稍隔烟树色，尚闻丝竹声。怅望武丘路，沉吟浒水亭。还乡信有兴，去郡能无情？”

此后，白居易又做了几任官，直到武宗会昌二年（842 年），七十一岁时才正式休官。

会昌四年（844 年），白居易住在洛阳。此时的生活是闲适的，但他仍没有忘记百姓的疾苦，于是自己出资为百姓做了一件大事。

当时，洛阳龙门潭南面有所谓“八节滩”“九峭石”，很多天然的石滩阻碍着船只的通行，为此船工要赤脚下水去推船。当地官府勒索舟民的捐税，只用来享乐，却不顾百姓的利益。白居易自己出资，开凿了龙门石滩，解决了船工的困难。

次年（845 年），白居易又与同在洛阳的六位年过七旬的朋友组织了一个“七老会”，后来又加入了两位，号称“九老图”。他们饮酒作赋，高谈阔论，成为诗人中的一段佳话。后世有画家还根据这一题材，绘出了《香山九老图》。

又过了一年（846 年），白居易卧病不起，不久就与世长辞了，时年七十五岁。

白居易一生经历了唐代宗、唐德宗、唐顺宗、唐宪宗、唐穆宗、唐敬宗、唐文宗、唐武宗八个皇帝，享年七十五岁，在当时来说也算是高寿了。他不仅是一位诗人，也是一位怀有抱负、勤政爱民的官员。只可惜生不逢时，白居易的才能没能得到充分施展，其政治理想更没有实现，但是他始终不放弃自己的原则和立场，不与权贵同流合污，一有机会任地方官员，就为百姓谋利益，从而赢得了百姓的称赞。他的诗歌作品贴近生活，反映社会现实，对后世产生了深远的影响，他本人也成为中国历史上伟大的现实主义诗人。

柳宗元

不得志中显精神

柳宗元（773—819），字子厚，祖籍河东（今山西永济市），唐代著名文学家、政治家，『唐宋八大家』之一。《旧唐书》卷一六〇、《新唐书》卷一六八有专传。柳宗元心系国家和百姓，主张改革弊政。他积极参加了王叔文等领导的『永贞革新』，失败后被贬至永州；虽然环境恶劣，但他仍坚定意志，为施展抱负而做出努力。后又被贬至柳州，他则以『为官一方，造福百姓』为己任，兴利除弊。此外，他还主张破除迷信，并提倡散文革新。柳宗元的一生虽然是不得志的，但他的革新意志、进步思想和文学成就却永远闪耀着光辉，为我们留下一份宝贵的遗产。

“永州之野产异蛇，黑质而白章……”我们中学时就学过的这篇《捕蛇者说》，出自“唐宋八大家”之一的柳宗元之手。我们今天肯定柳宗元的历史地位，除了他文章写得好、对散文革新有推动之功外，更重要的是他具有进步的政治思想。

考中进士，初涉官场

今天的山西永济市，唐以前是河东郡的治所，柳宗元的祖籍就在这里，后人称他为“河东先生”，也是据此而来。柳家世代为官，在唐朝的都城长安有房舍和田产。唐代宗大历八年（773 年），柳宗元于长安出生。

柳宗元的父亲柳镇，是一个中下级官吏。他与当时那些营私舞弊、专横强暴的人合不来，最终因触怒了宰相而被贬为夔州（今重庆奉节县）司马。柳镇这种“守正为心，疾恶不惧”（《先侍御史府君神道表》）的精神，给柳宗元留下了深刻的印象。

柳宗元的母亲也出身于官员家庭，很有文化素养。柳宗元很小的时候就在母亲的教导下读书识字，学作诗文。十岁时，他的文章已受到了人们的称赞。

十二岁时，柳宗元跟随父亲出游。当时，安史之乱虽然已经被平定，但藩镇势力仍继续扩张，中央形势江河日下，这些都给年幼的柳宗元留下了唐朝日益没落的印象。后来，当他听到破坏国家统一的节度使李怀光被杀的消息时，心里非常高兴，写了一篇《为崔中丞贺平李怀光表》。文中痛斥李怀光为逆贼，谴责了他的叛乱行为，并表达了自己憎恨割据分裂，希望朝廷重整山河的愿望。

公元 793 年，二十一岁的柳宗元凭借自己的才华考取了进士功名，和他一同考取的还有著名的文学家刘禹锡。考中进士的柳宗元迟迟没有被任用，于是他到了叔父的任所邠州（今属陕西）游历。他在那里了解到当地百姓和下层士兵生活的艰辛，萌生了改革弊政的想法。

唐德宗贞元十四年（798 年），柳宗元考取了博学宏词科。经过这次考试，他担任了集贤殿书院正字，这个职位负责管理图书的编纂和搜集已经散佚或者少见的书籍。于是柳宗元有机会博览群书，特别是一些罕见的书籍，大大开阔了眼界。这个时期，他和韩愈、刘禹锡、韩泰等人都有密切的交往，韩泰比柳宗元晚两年中进士，是一位具有革新思想的青年。几个人时常相会，谈古论今，写诗作文，互相鼓励。

公元 799 年，淮西节度使吴少诚作乱，烧杀掳掠，残害百姓。柳宗元得知此事十分气愤，挥笔写下了《辩侵伐论》一文，主张讨平叛乱，再次表现了他反对藩镇割据、希望国家安宁的思想。

公元 801 年，柳宗元被调到蓝田（今陕西蓝田县）做县尉，掌管一县的治安。两年后，他又被调回长安，做了监察御史里行。这是御史的见习官，职权算是比较大的，既可以监督官吏的行政措施，也可以到各州县检查工作，无论民政、军政还是财政，他都有权过问，并有权向皇帝上奏本，提出自己的意见和建议。这让柳宗元有机会了解到当时朝廷的弊政，增强了他政治革新的信念。

这期间，他的朋友范传真被调到宣州（今安徽宣城市）做官，于是他写了一篇文章送给范传真。在文章中，柳宗元说道：做官的人受百姓的供养，就应该为百姓做好事，这样才问心无愧。应该说柳宗元此后在政治上的许多行动，都以这种思想作为指导。

参加“永贞革新”

贞元二十一年（805 年），唐德宗病逝，他的儿子李诵继位，即唐顺宗，改元永贞。就在这一年，担任监察御史里行的柳宗元积极参加了以王叔文为首的“永贞革新”运动。

李诵做太子的时候，就深受侍读王叔文等人的影响。王叔文出身于贫寒家庭，素知百姓的疾苦，因此很想改变这种局面。君臣等人经常议论朝廷的弊政，酝酿着将来的改革。柳宗元由于和王叔文见解一致，因此二人很早就结成了志同道合的朋友。

顺宗即位，任命王叔文为翰林学士，翰林学士有着“内相”之称，负责掌管由皇帝直接发出的机密文件。不久他又做了度支盐铁转运副使、户部侍郎，这两个官职是负责国家的盐铁专卖、租赋以及财政收支等事务，由此在财政方面取得了很大权力。同时，任命柳宗元为礼部员外郎，负责为礼部起草文件政令。与二人同时获得提拔的还有王伾、韦执谊、刘禹锡、韩泰、凌准等。由于当时唐顺宗因病不能亲理朝政，国家大事实际上由王叔文和柳宗元等人掌管。他们都属于革新派，掌权之后在很短的时间内便推行了一系列针对朝中弊政的改革，史称“永贞革新”。

他们做的第一件事就是禁止“宫市”和“五坊小儿”的特权。所谓“宫市”，指的是唐德宗以来派宦官出外采办物品，这些宦官被称作“宫市使”。他们经常带领数百人四处巡逻，看到好东西就低价收购，或干脆不给钱白白拿走。我们非常熟悉的一首诗——白居易的《卖炭翁》中说：“翩翩两骑来是谁？黄衣使者白衫儿。手把文书口称敕，回车叱牛牵向北。一车炭，千余斤，宫使驱将惜不得。半匹红纱一丈绫，系向牛头充炭直。”就是当时宫市的真实写照。所谓“五坊小儿”，就是在雕、鹘、鹞、鹰、狗五坊为皇帝饲养猛禽猎犬的人。这些人常常倚仗皇家的势力在地方上肆无忌惮，为非作歹，欺压百姓。百姓对这两种势力都是敢怒不敢言。这次王叔文等的改革，将这些人彻底铲除，自然赢得了百姓的欢迎。

第二件事是坚决惩办贪官污吏。当时，一个有名的大贪官叫李实，他仗着自己是皇族，无恶不作。有一年某地方大旱，颗粒无收，李实却向皇帝谎报说："今年虽旱，谷田甚好。"于是租税皆不免，人穷无告，乃彻屋瓦木，卖麦苗以供赋敛（见《旧唐书·李实传》）。如此害民的官在这次革新中就被罢斥。在惩治贪官的同时，对于那些廉洁守法的官员则设法提拔任用。比如此前因受奸臣排挤而被贬的前任宰相陆贽，就被重新调回朝中任职。这也体现了改革派"任人唯贤"的方针和政策。

在经济上，他们整顿财政制度，改革盐税管理。盐税虽是唐朝财政收入的主要来源，却长期被宦官、藩镇势力把持，他们任意抬高盐价以增加盐税收入，并从中牟取暴利，中饱私囊。革新派任命了有经验的杜佑为盐铁使，王叔文兼任副使稳定盐价，将财政大权收归中央。这就在经济上打击了旧官僚和保守派的势力。与此同时，他们革除了地方盐铁使和地方官吏的额外"进献"。原来，这些人借口进献皇帝，在正税之外巧立名目，加征各种各样的杂税，其实都是搜刮百姓的财产，而且大部分“进献”都归了自己的腰包，进奉给皇帝的也就十分之一二，百姓为此痛苦不堪。这次改革将“进献”废除，就是禁止征收苛捐杂税，在一定程度上减轻了百姓的负担。

此外，改革派还释放大批宫女回家，这也是一件得人心的事。唐代宗以后宫女越来越多，不仅增加了宫廷的开支，而且宫女一入深宫，便和自己的家人永远分离，实际成为皇族的奴隶，她们在精神上是非常痛苦的。这次改革使大批宫女得以和家人相聚，这件事在当时很触动人心。

可以看到，王叔文和柳宗元等人的改革，以宦官和藩镇为打击对象，沉重打击了大官僚和宦官的势力和利益，维护了唐朝的统一，在一定范围内反映了百姓的心愿，是一次具有进步意义的政治革新。后世进步思想家和历史家对“永贞革新”都做了肯定的评价，王夫之说：“自其执政以后，罢进奉、宫市、五坊小儿，贬李实，召陆贽、阳城，以范希朝、韩泰夺宦官之兵柄，革德宗末年之乱政，以快人心、清国纪，亦云善矣。”（《读通鉴论》卷二十五《顺宗》）

然而，当时唐朝的积弊较深，特别是旧官僚和宦官的势力强大，他们联起手来接二连三地上书皇帝，要求将王叔文、柳宗元等人撤职，同时极力扶助太子李纯接位。当时，唐顺宗的病越来越重，宦官和旧官僚就不断向皇帝施加压力，逼迫其让位。最终，唐顺宗退位，太子李纯登基为帝，是为唐宪宗。唐宪宗由于是在宦官和旧官僚的帮助下登基的，因此对这些人非常信任。唐宪宗一继位立刻对王叔文、柳宗元等人动手。王叔文、王伾被贬官，不久又将王叔文杀害，还逼死了王伾。柳宗元被贬为邵州（今湖南邵阳市）刺史，刚走到半路就又被加贬为永州（今湖南零陵区）司马。其他参加革新运动的如刘禹锡、韩泰、陈谏、韩晔、凌准、程异、韦执谊也被贬到远方做司马，历史上称这件事为“二王八司马事件”。“永贞革新”也随着这次事件而宣告失败了。

永州十年

永州在当时还是比较荒凉的地区，人烟稀少，和繁华的京城长安简直没法比。

柳宗元担任的司马名义上是官，实际上毫无实权，就是受地方官监视的“罪犯”。官署里自然没有他的住处，他只好在一个叫龙兴寺的庙里住了下来。柳宗元在永州一共住了十年，其间朝廷数次发布大赦的诏令，可始终没有柳宗元的份儿，而且他还经常受到政敌的攻击和污蔑，过去与他交往的一些朋友此时也不敢和他来往了。可以说，柳宗元被贬后的生活充满了愤懑和忧郁。更不幸的是，到永州才半年其母就因水土不服和缺医少药去世了。

然而，这些并没有让柳宗元的意志消沉。他的住处龙兴寺是个地势较高的地方，西面正临湘江，“江之外，山谷林麓甚众”（《永州龙兴寺西轩记》）。由于门户向北，室内黑暗，因此他特地在西厢墙上开了一个旁门，并常在这里眺望广阔的山林原野，直抒胸臆。为此，他还写了《永州龙兴寺西轩记》一文，表达了自己不屈服于黑暗势力、渴望追求进步的心情。

在写给一个朋友的序文里，柳宗元再次提出：一个好官员，应该经常关心民间的疾苦，使百姓不受欺侮和压迫，做官的人是受百姓的委托来为百姓办事的，如果不为百姓办事，反而给他们增添麻烦和痛苦，那是不可饶恕的罪过。应该说这个观点在当时是很难能可贵的。

这一时期，柳宗元模仿屈原《九章》的文体，写了一篇《惩咎赋》。他说："自己怀着崇高的政治理想参加革新运动，却为何遭到诽谤和贬谪？难道我贪图俸禄而想欺世盗名吗？不是的。只是因为我坚持革新的主张，侵犯了那些权贵的利益，这才是致祸的根源啊！"

他还用文章对守旧派进行了还击，其中最有名的一篇就是《捕蛇者说》。他在文章里描写一个以捕蛇为生的姓蒋的人，他的祖父、父亲都因为捉毒蛇而丧命，他本人也因为捉蛇而几次险些丧命。姓蒋之人明明知道捉蛇很危险，但他认为自己的境遇比起邻居们被苛重的租税逼得家破人亡还是要好些。他的邻居因为苛捐杂税十二年当中人口少了一半，不是逃走，就是死亡；而自己因为能够捕蛇交给政府，以此代替杂税，才保全性命到现在。柳宗元在悲痛中喊出了孔子那句"苛政猛于虎"，向当时统治者的横征暴敛提出抗议。

在另一篇《种树郭橐驼传》中，他讽刺当时的贪官污吏对百姓的盘剥非常厉害，并指责统治者口口声声说的"安民""养民"其实都是空话，实质是利用手中的权力剥削百姓。

除此之外，柳宗元还写了许多鞭挞、讽刺贪官污吏的寓言。他把这些人比作蝮蛇、尸虫，对他们横行霸道、为非作歹、贪得无厌的行为进行了揭露。

在贬谪的生活中，柳宗元有更多机会接触到生活在底层的百姓，使他对百姓生活比以前有了更为深入的了解。他对百姓的困苦颇为同情，并写了不少诗歌和文章表达了自己的感受。其中一首题为《田家三首·其二》的诗中，有这样几句话："蚕丝尽输税，机杼空倚壁。里胥夜经过，鸡黍事筵席。"百姓养了蚕，结果蚕丝都缴了赋税，所以家里的织布机只好被闲置在一旁。这还不算，里胥夜里经过这里时还逼迫百姓杀鸡做饭来招待。百姓生活悲惨，封建官府对百姓的残酷压榨，由此可见一斑。

应该看到，柳宗元在贬谪期间，虽然在精神上和物质上都受到了折磨，但他追求进步的意志并没有改变。他用不同的形式抨击了官场的黑暗，同时表达了自己关心民间疾苦的态度和要求改革的愿望。

宣传进步思想，提倡散文革新

在永州的时候，柳宗元还写了不少说理的文章和著作，用来反对那些相信鬼神的迷信思想，《非国语》就是其中一部。

《国语》是先秦时期留下来的一部历史著作，价值较高，但书中对不少历史现象的解释和看法却夹杂着迷信色彩。柳宗元深切感觉到这好比“用文锦覆陷穽也。不明而出之，则颠者众矣”（《答吴武陵论非国语书》）。因此作了《非国语》，对他所认为的错误观点进行了批驳，宣传了反迷信的思想。比如，周幽王时期曾发生过一次地震，这本来是过去的事情了，但是《国语》中认为后来的周幽王被灭，周平王东迁都和这次地震有关，说这次地震就是周朝要灭亡的预兆。柳宗元批评了这种荒谬的说法，他说山川的震动，并不是什么神灵支配的，因此地震和吉凶祸福根本没有什么关系。至于国家的兴亡也是人为的事情，并不受天地阴阳的操纵。又如周灵王时王城北面有两条大河发洪水，周灵王见情形危急就命令百姓修筑大堤，从而防止了这场水灾的发生。对这件事，《国语》也借题发挥，说洪水不能用筑堤阻挡，周灵王这次筑堤触犯了天帝的禁忌，所以后来到周景王时就出了大乱子；周定王时大臣专权，也是因为周灵王筑堤触犯了禁忌。柳宗元对这种无稽之谈进行了驳斥，他认为周灵王命百姓筑堤防止了洪水，是一件完全正确的事情；后来周景王、周定王时发生的事件，都是因为他们自己腐败无能而没有把国家治理好的结果，和筑堤防水之事毫不相干。

应该看到，《非国语》的意义并不局限于对《国语》一书进行批判，而是对封建社会落后思想的挑战，这在当时是需要很大勇气的。但凭借着自己的社会责任感，柳宗元深刻认识到这些邪说谬论的流行会造成很大危害，所以他拿起笔，进行了抨击。

柳宗元还在选人用人方面提出了自己的看法。春秋时期的晋文公以是否贵族出身作为授官高低的标准，《国语》对这种做法还给予了肯定。柳宗元对此进行了批评。他认为国家任用官吏，应该是以他的品德和才能如何作为标准，而不应当以他的门第和家世如何作为标准。他认为晋文公根据是否是贵族来任用官吏，必然会使政治腐败不堪。柳宗元写了一篇《封建论》，其中说："夫天下之道，理安，斯得人者也。使贤者居上，不肖者居下，而后可以理安。"意思是治理天下的规律是政治清明，如此才能得到百姓的拥护；要使政治清明，就必须任用贤人，让贤人居于领导地位。

此外，柳宗元在散文革新方面也做出了贡献。位列

"唐宋八大家"之一的柳宗元，对散文写作提出了自己独到的见解，主要体现在《答韦中立论师道书》一文中。

首先，他指出："文者以明道，是固不苟为炳炳烺烺，务采色、夸声音而以为能也。""文者以明道"，就是说文章是为阐明道理服务的，应该注重实用性，而不要一味追求形式和文采的华丽。这一点对散文革新有着积极意义，对改变此前文章的写作只重文句不重内容的坏风气起到了积极作用。

其次，既然文章是为阐明事理服务的，他就强调作者的人格修养和严肃认真的写作态度。"吾每为文章，未尝敢以轻心掉之，惧其剽而不留也；未尝敢以怠心易之，惧其弛而不严也；未尝敢以昏气出之，惧其昧没而杂也；未尝敢以矜气作之，惧其偃蹇而骄也。"也就是说，只有做到思想端正明确，态度严肃谦逊，头脑清醒，作品才能深刻且具有逻辑性和感染力。

再次，在为内容服务的前提下，他提出文章要具有丰富的艺术手法："抑之欲其奥，扬之欲其明，疏之欲其通，廉之欲其节，激而发之欲其清，固而存之欲其重，此吾所以羽翼夫道也。"意思是要将"奥""明""通""节""清""重"六种艺术手法综合利用，从而使文章出彩。

最后，他提倡要广泛学习古代的文化遗产。“本之《书》以求其质，本之《诗》以求其恒，本之《礼》以求其宜，本之《春秋》以求其断，本之《易》以求其动，此吾所以取道之原也。参之穀梁氏以厉其气，参之《孟》《荀》以畅其支，参之《庄》《老》以肆其端，参之《国语》以博其趣，参之《离骚》以致其幽，参之太史公以著其洁，此吾所以旁推交通而以为之文也。”就是要吸取古代经典著作的不同特色和长处，并融会贯通，自成一家。

应该说，这些都是柳宗元在长期学习和实践中积累起来的经验，是他对文学创作和文艺理论的总结，不仅对当时散文的发展起到了指导作用，而且对后世的文章写作和文风产生了影响。

被贬柳州，兴利除弊

元和十年（815 年），柳宗元忽然接到唐宪宗的诏书，要他立刻进京。接到诏书的那一刻，柳宗元百感交集，令他高兴的是自己终于有机会再次施展才能，令他担忧的是自己一向为朝中许多官僚所忌恨，此去不知道会遭到什么意外打击。无论怎样，柳宗元还是离开了永州，踏上了前往长安之路。

原来，当时执政大臣中有人怜惜柳宗元等人的才能，建议把柳宗元、刘禹锡等人召回任用。可柳宗元一到长安就被一些大官僚视为政敌和眼中钉，他们不断向唐宪宗进谗言，宪宗对刘、柳等人也是怨气未消，结果刚进京没多久的柳宗元又被贬官，这次被贬为柳州刺史，柳州即今广西壮族自治区的柳州市。

当时的柳州相比永州更偏远，风俗也与中原地区有很大不同。百姓生活很穷苦，偷盗甚至劫杀的风气相当严重；当地百姓还受封建迷信思想的毒害，生了病就求神问卜，杀掉牲畜来祭祀，如果占卜出来的结果是病不会好，就不给病人吃东西，让其饿死。面对此景，柳宗元心里很不是滋味，但他转念一想，柳州刺史与此前的永州司马有所不同，刺史毕竟是地方长官，自己难道不可以在柳州有所作为吗？带着这个想法，他开始从当地的实际出发颁布了一系列制度和法令，力图改变柳州的面貌。

他首先制定各种禁令来打击偷盗行为，以保护百姓。柳州缺水，百姓为了打水往往要带着水罐走很远的路，如果遇到旱年，吃水就更成问题。柳宗元了解到这种情况，就用历年积累下来的罚款在柳州城边挖了口水井，给百姓提供了很大方便。

柳宗元还兴办学校，让青年获得读书的机会，并大力发展生产，使许多荒田得到开垦。柳州城的街道、城墙原本破旧肮脏，柳宗元到任不久就组织人力修整。

要说柳宗元在柳州办的最大一件事，就是下令废除奴婢制度。当地有一种很残酷的剥削制度，就是穷人交不起地租，或者还不清债务，就要把自己的子女抵押给地主或高利贷者，如果到期没有钱将子女赎回去，就终身成为地主和债主的奴婢了。柳宗元决心改变这种不合理的制度。他制定了一个办法，就是那些已经成为奴婢的人可以按照当佣人的时间计算工钱，如果应得的工钱达到所欠钱数，就算作已经还清债务便可以回家。这样一来，许多沦为奴婢的人都赎了身，获得了自由。这不仅是一个利民的措施，更为社会增加了自由劳动力，有利于生产发展。

柳宗元在柳州的改革可以看作他“永贞革新”思想的延续。与“永贞革新”相比，这次改革尽管范围较小，但是取得了成功，推动了当地经济的发展，符合百姓的利益。

柳宗元到柳州后常常生病，但他仍坚持工作，为民解难。在柳州的第四年，即元和十四年（819 年），柳宗元病逝，终年四十七岁。柳宗元死后的境况较为凄惨，连丧葬费都是朋友出的。临死前，他将自己的著作委托给好友刘禹锡代为整理。后来，刘禹锡将柳宗元的著作编为《河东先生集》，并为之写了序言。柳宗元的文章因此得以广泛流传。

应该说，柳宗元的一生是很不得志的，但他始终没有放弃自己的理想和志向，即使在被贬官时期也怀有革新的意志，并付诸实践。此外，他的进步思想、文学成就永远闪耀着光辉，给我们留下了一份宝贵的遗产。

范仲淹

先忧后乐传天下

范仲淹（989—1052），字希文，苏州吴县人，北宋著名思想家、政治家、文学家。《宋史》卷三一四有专传。范仲淹自幼苦读，二十七岁便考中进士，走上了仕途。初任地方官时，他兴利除弊，深得民心。后入京为官，因直谏得罪当权者而被外放。但范仲淹仍不改初心，忠于职守、清白做官、刚直不阿。面对西夏的侵扰，他以文人之才出任武官，很好地解决了北宋的西北边患。后来，他官至参知政事，着手改革朝廷弊政，发起了『庆历新政』。新政失败后，范仲淹被贬到邓州，在这里他写下了著名的《岳阳楼记》，其中『先天下之忧而忧，后天下之乐而乐』的以天下为己任的精神，对后世产生了深远影响。

清人赵吉士所著《寄园寄所寄》中引《朝野纪略》，记录了这样一个故事：明太祖洪武时期，苏州人范文从官至御史，因违背皇帝的旨意而被下狱，随即被判处死刑。明太祖朱元璋查看死刑案卷时注意到了范文从的姓名和籍贯，于是急忙将他传唤到跟前，问道："你是范文正公（范仲淹死后谥号文正）的后人吗？"范文从答道："我是范仲淹的十二世孙。"朱元璋听后沉默了一会儿，命人取帛五方，亲笔写下"先天下之忧而忧，后天下之乐而乐"两句话，赐予范文从，并说："免除你五次死罪！"

这个故事反映了范仲淹本人及其以天下为己任的"先忧后乐"的精神，对后世产生的巨大影响。直到今天，范仲淹的《岳阳楼记》依然被选入中学课本，成为中学生必读的经典名篇。

年少苦读

范仲淹的先祖本是邠州（今陕西彬县）人，后迁到苏州吴县。他的祖上几代都在吴越王钱氏手下做官。范仲淹的父亲范墉，博学能文，曾任北宋武宁军节度掌书记（徐州军事长官的秘书），是一个靠微薄俸禄为生的官员。宋太宗端拱二年（989年），范仲淹就出生在徐州。

然而不幸的是，范仲淹两岁时父亲范墉便去世了。母亲谢氏因“贫而无依”，只好带着范仲淹改嫁山东淄州长山的朱文翰。从此，范仲淹改姓名叫朱说。

毕竟生在官宦人家要以读书为业，以仕途为目标，来到朱家的范仲淹也没有改变这样的生活轨迹。朱文翰知安乡（隶属今湖南常德市），范仲淹就在当地的兴国观读书。此地现有范仲淹读书台遗址，“书台夜雨”至今仍为“安乡八景”之一。后来，朱文翰回到长山。长山县南长白山（并非今吉林的长白山）风景秀美，有“小泰山”之称。此时的范仲淹就在长白山醴泉寺读书。他经常一个人伴灯苦读，每到东方欲晓僧人都起床了，他才和衣而卧。据北宋彭乘《墨客挥犀》记载，那时的范仲淹生活很贫困，每天煮一锅粟米粥放置一宿，等粥凝固后，用刀切为四块，早晚各吃两块。怎么吃呢？无非是切点儿韭菜，放点儿醋和盐而已。范仲淹对此毫不在意，只是用全部精力努力读书。三年过后，他的学业虽大有长进，但他并不满足，而是渴望到更广阔的天地去寻师问友，增广见闻，以便将来为国家效力。

就在这时，一件事促使他决心离家外出求学。原来，因为他很小就被母亲带着嫁入朱家并改了姓名，所以范仲淹一直不知道自己的身世。朱家在当地还算富裕，家中子弟习惯了挥霍，范仲淹对这种奢侈浪费的做法很不满意，就多次劝阻。这引起了朱家兄弟的不满，并嘲讽地说："我们花的是朱家的钱，关你什么事？"范仲淹觉得话里有话，盘问之下才得知自己的身世经历。在刺激和震惊之余，范仲淹毅然决定离开朱家到当时的南京（今河南商丘市）求学。

大中祥符四年（1011 年），二十三岁的范仲淹来到南京，进入了应天书院。应天书院与嵩阳书院、岳麓书院、白鹿洞书院并称为"北宋四大书院"。在这里，范仲淹既有名师可以请教，又有同学互相切磋，还有大量书籍可以阅览，于是他更加刻苦地学习。有时候实在太困了，就用冷水洗把脸再坚持学习。有一次，宋真宗路过南京，应天书院的学生也跟着全城百姓去看热闹，希望能见到皇帝的真容，只有范仲淹依然留在书院读书。有个同学问他：“这么难得的场面，你怎么不去看啊？”范仲淹答道：“皇帝总是要见的，将来再见也不晚。”满腔的壮志由此可见一斑。

少年时的经历对于范仲淹来说，既是一种考验，也是一笔财富。它培养了范仲淹坚强的性格和朴素的生活作风，也使他对下层百姓的生活有了更多的了解，这为他做官后关心民间疾苦，树立以天下为己任的远大志向打下了思想基础。

初入仕途：兴利除弊的地方官

宋真宗大中祥符八年（1015 年），对于二十七岁的范仲淹来说是人生中的一个转折点，因为在这一年，他考中了进士。不久，他就出任广德军司理参军（广德军辖境相当于今安徽广德、郎溪等地，司理参军是掌管讼狱、审理案件的官员）。

到广德军后，范仲淹将母亲接到身边。从外出求学到为官，母亲已经多年未见范仲淹了，此时母子重逢，感人的场景可想而知。

初任官职的范仲淹不同于官场中那些碌碌无为之辈，而是表现出了心系百姓、刚直不阿的品德。在广德军中，他审理案件不枉不纵，经常抱着文书与长官争论是非曲直，并将争论的一些内容写到自己的屏风上，以起到反思、自警的作用。范仲淹还十分重视教育，广德的学习风气不浓，范仲淹就兴办教育事业，聘请名士做老师，使当地的读书风气日渐浓厚，不断有人考中进士。

宋真宗天禧元年（1017 年），范仲淹广德任期满，擢文林郎、权集庆军（今安徽亳州市）节度推官，依然负责案件审理等刑法事务。在这期间，范仲淹奉母命上书朝廷，奏请恢复范姓。得到朝廷许可后，他又因敬佩南朝文学家江淹的文章誉满天下，所以给自己取名“仲淹”，字“希文”。

天禧五年（1021 年），范仲淹调任泰州（今属江苏），任西溪镇盐仓监官。在这期间，他最主要的功绩就是和张纶主持修筑捍海堤。泰州和附近的楚州（今淮安市）、通州（今南通市）都位于淮水以南，东临黄海，经常受到海潮的威胁。唐朝时曾在这里修筑过一条捍海堤，但因年久失修，早已毁坏。因此，每年秋季海潮泛滥时，沿海各州往往庐舍漂流，人畜丧亡。即使在退潮后，良田也都变成了盐碱地，百姓无以为生，只好举家逃离。范仲淹任盐官，修堤之事本不属于他的职责范围，但是他从国计民生的角度出发，向淮南制置发运副使张纶上书，建议修复捍海堤。张纶也是实干家，他十分赞同范仲淹的意见，并奏请朝廷任命范仲淹为灾区中心兴化县知县，主持整个修复工程。尽管这项工程遭到了一些人的反对，其间甚至出现了停罢之势。但在范仲淹和张纶的一再主张之下，这一工程终于没有半途而废，并在天圣六年（1028 年）完工。需要指出的是，天圣四年（1026 年），由于范仲淹的母亲去世，他不得不解职回家服丧，因此没能亲眼见到这项工程的完工，但这并不能抹杀他修复海堤的政绩。海堤修好后，解除了这一带的潮水灾害，保护了农田和盐场，外逃的居民纷纷返回家乡从事生产。

应该看到，范仲淹初入仕途的十余年都是在地方从政，他兴利除弊，踏踏实实地做着有利于国计民生之事，并取得了良好的政绩，这也为他将来入京为官奠定了基础。

再入仕途：京官与地方官之间的起起落落

天圣六年（1028 年）十二月，范仲淹居丧期满来到了京城。此前他在地方为官的政绩和声望得到了宰相王曾的赏识。一次，晏殊要向朝廷推荐馆职人员。宋代“崇文”，由于执政大臣多来自馆职，因此宋人将其看作仕途的捷径。宰相王曾得知此事就让晏殊推荐范仲淹，晏殊便立即起草推荐书。得到推荐的范仲淹顺利通过考试，被任命为秘阁校理（负责图书典籍的管理、编写、校勘等）。这是范仲淹第二次进入仕途，也是第一次到京城为官。

当时朝中的情况是：六年前，宋仁宗继位时年龄尚幼，决策大权掌握在刘太后的手里，年号“天圣”，意思就是“二人圣”，指的是宋仁宗和刘太后。但此时宋仁宗已经十八岁了，按理说刘太后应该还政给皇帝，但是太后却没有这个意思，且渐渐有了飞扬跋扈的态势。面对这种情况，范仲淹从大局出发毅然上书对刘太后提出了批评。晏殊得知此事后大惊，斥责范仲淹不该这么做，会连累到自己。范仲淹却说自己做官要“上诚于君，下诚于民”。晏殊听后也因惭愧而道歉。

然而得罪了刘太后，当然就不能在京城立足了。天圣八年（1030 年），刚做京官一年有余的范仲淹就被外放到河中府做通判，通判为地方长官的副手，也有一定的权力。在河中府，范仲淹和当初一样，十分关心百姓的福祉，他鉴于当地郡县行政区域划分过多导致百姓频繁服役、荒废农时、影响生产和生活的情况，采取了将县合并的措施。此外，虽然身在地方，但范仲淹还是以开阔的眼界向朝廷上书，提出自己的想法。

明道二年（1033 年），刘太后去世，宋仁宗亲政。亲政后的仁宗皇帝做的第一件事就是将一批忠直的大臣从外放中召回，范仲淹就在其中。仁宗任命他为右司谏，就是我们常说的言官或谏官。有了这个身份，范仲淹上书直陈政事得失就更无所畏惧了。据记载，有一年江淮一带闹蝗灾，为安定民心，范仲淹奏请宋仁宗马上派人前去赈灾。谁知宋仁宗对此事不予理睬。范仲淹冒着触犯天颜的危险问宋仁宗：“如果宫中半日不食会怎样？怎么能置百姓安危于不顾？”听罢，宋仁宗只好派他去江淮一带安抚灾民。这就是范仲淹，即使面对的是于己有召回之恩的皇帝，在事关天下百姓利益的事情上，他也敢于直谏，据理力争。

然而，当时朝中势力很大的宰相吕夷简善于迎合帝意，他玩弄权术排斥异己，最终借着宋仁宗废后的契机，将敢于直谏的范仲淹排挤出了京城，让其知睦州（今属浙江），不久又徙知苏州。苏州是范仲淹的家乡，这一次他是以地方父母官的身份回到这里。在苏州，范仲淹主持了一项大的水利工程，为百姓解除了水患，保证了农业的生产。此外，他还兴建学校，培养地方人才。

范仲淹在苏州的政绩是有目共睹的，也得到了皇帝的认可。景祐二年（1035 年），范仲淹第三次进京为官，任天章阁待制，算是皇帝的侍从之官。当时的宰相仍然是吕夷简，他其实并不否定范仲淹的能力，甚至对他颇为赏识，只是对范仲淹的直言敢谏头疼不已。于是，吕夷简托人对范仲淹说："你现在是侍从官，不是负责言论的谏官了。"意思是，你以后别再乱说话了。范仲淹听后说道："讨论朝廷事务，正是侍从官的职责，我怎么敢不努力呢？"吕夷简没有办法，只好又借机将范仲淹排挤出朝廷，让他去了开封府。

开封作为北宋的京城，府内事务繁杂，吕夷简希望用繁重的工作消耗范仲淹的精力，让他无暇旁顾。怎知范仲淹一到开封府就大力整顿官僚机构，革除弊政，仅仅几个月，开封府就“肃然称治”。这大大提高了范仲淹的声望。另外，范仲淹还上书皇帝，对吕夷简任人唯亲、谎报功绩、结党营私进行了揭发。吕夷简知道后恼羞成怒，利用自己的权势恶意中伤范仲淹。宋仁宗听信了谗言，将范仲淹贬到饶州（今江西鄱阳县），不久又徙知润州（今江苏镇江市），再徙知越州（今浙江绍兴市）。

范仲淹第二次走进仕途，经历比第一次曲折很多，可以说是起起落落。但无论做京官还是做地方官，他都重视勤政和清白这两个方面的素质。因为只有勤勉做事、忠于职守，才能取得良好的政绩；只有清白做官，才能秉持公心、刚直不阿地为百姓谋福。

抵御西夏的帅才

在一般人眼中，范仲淹是以文官的身份受到世人推崇的，殊不知他还是一位有着军事和战略眼光的帅才。

事情要从宋仁宗宝元元年（1038 年）说起。这一年，宋朝西北边境局势紧张起来，党项族首领李元昊建国称帝，国号大夏，史称西夏。第二年西夏军侵犯宋朝边境，李元昊亲率大军进逼延州（今陕西延安市）。当时的延州知州范雍是一个胆小如鼠的人，他关闭城门不敢出战，并派人去请援军。谁知，李元昊早在延州附近的三川口设下埋伏，导致援军死伤无数。

三川口惨败的消息传到朝廷，宋仁宗盛怒之下罢免了范雍的官，但更换的几个统帅都不得力。在危急之时，朝廷任命夏竦为陕西经略安抚招讨使，不久又任命韩琦和范仲淹为陕西经略安抚招讨副使，作为夏竦的副手。韩琦负责泾原路防务（治所在渭州，今甘肃平凉市），范仲淹负责鄜延路（治所在延州），夏竦驻军在永兴（今陕西西安市）。三人互为掎角，组成西北防线。

此时的范仲淹已经年过半百，但他忠心报国的壮志并未减退。他接到任命就奔赴延州前线察看，只见眼前一片荒凉，处处残败。更重要的是，宋朝这个时候还没有制定出一个切实可行的军事方略。所谓“知彼知己，百战不殆”，范仲淹对宋朝和西夏的形势做了深入分析，提出了积极防御的应对策略。应该说，这不是身为文官的范仲淹胆小怕事，而是符合当时客观实际的战略决策。但是，这个决策却遭到了韩琦等人的反对，他们认为应该速战速决。结果，好水川一战宋军失败，不仅证明了韩琦等人速战速决的决策是错误的，也让宋仁宗放弃了进攻的方针，而采取范仲淹的守策。于是，范仲淹在宋、夏边界的前沿阵地修筑寨堡，建立军事据点；又精练士卒，提高军队的战斗力，随时防备西夏军的进攻。他还大力争取宋、夏交界处的少数民族，从而巩固了边防，扭转了宋朝被动的局面。

西夏国小，资源也不丰富，长期的战争给本国人民带来了沉重的负担，百姓怨声载道。议和成为西夏国君的最好出路。终于，庆历四年（1044 年），宋、夏双方正式达成和议，规定李元昊取消帝号，向北宋称臣，宋册封其为夏国主；双方恢复互市贸易；宋朝每年给夏国绢、银、茶等“岁赐”。至此，宋、夏恢复了和平，西北的局势也趋于稳定，范仲淹功不可没。

庆历新政

范仲淹处理西北战事的功绩，让宋仁宗对他的才干和忠诚有了更加充分的认识。当时，朝中官僚机构臃肿，军队膨胀，财政支出很大，这就是史书所说的“冗官”“冗兵”“冗费”的“三冗”局面。“三冗”的负担都是以沉重的赋税加在百姓的头上，官僚不仅享有免役的权利，还侵吞良田，导致阶级矛盾不断上升。宋仁宗面临这样的政局，就想到了范仲淹。庆历三年（1043年），范仲淹被升为参知政事（副宰相），与枢密副使富弼、韩琦等人一起主持朝政。宋仁宗任用范仲淹的意图很明显，就是想让他积极提供改革的意见，以求国内大治，创造太平盛世的局面；而范仲淹也“以天下为己任，……日夜谋虑，兴致太平”。

范仲淹等人根据现实的形势，写成《答手诏条陈十事》，并呈送给仁宗皇帝。这十件事分别为：明黜陟，即严格考核现任官吏，提拔有功绩的，撤换有罪过的；抑侥幸，即限制大官僚的恩荫特权；精贡举，即改革科举的考试内容，着重考策论和经书的意义；择官长，即派得力的人到地方检查政绩，奖励能吏，罢免不称职的人；均公田，即改变官员公田分配不均的状况，保证低级官吏的收入；厚农桑，即发展农业生产，兴修水利；修武备，即在京城附近招募卫士，寓兵于农；减徭役，即减轻百姓的差役负担；覃恩信，即免除百姓赋税、徭役等命令，且必须兑现，以取信于民；重命令，即重视法令的实行。

宋仁宗看后，表示赞同，并下诏颁布全国。于是，历史上著名的“庆历新政”就在范仲淹等人的领导下开始了。

在范仲淹的严格执行下，一批只领俸禄不务公事的官员被除名，一批有才干的人被提拔到要职。官府的办事效率提高了，百姓的负担在一定程度上减轻了，财政、漕运等也均有所改善。当时暮气沉沉的北宋逐渐有了起色。但是好景不长，一股内在的反对势力逐渐上升，那就是被削夺权力或被抑制财产的大官僚特权阶级。他们联起手来污蔑范仲淹、富弼等人私结党羽，此时的仁宗皇帝也动摇了。到庆历四年（1044 年），范仲淹见改革再难以推行，便申请以河东陕西宣抚使的身份重返西北前线。

然而，此时的守旧势力并不罢休，反而更加嚣张。宋仁宗最终选择了退缩，庆历五年（1045 年），他下诏废止一切改革措施，解除范仲淹参知政事和宣抚使的职务，贬至邓州（今属河南）。“庆历新政”失败了。但这次新政传播了改革的思想，也为后面的王安石变法提供了一定的基础和借鉴。

先天下之忧而忧，后天下之乐而乐

来到邓州的范仲淹，已经是近六十岁的老人了。就是在邓州期间，即在庆历六年（1046年），他写下了脍炙人口的名篇《岳阳楼记》。他用洗练的文字描述了洞庭湖波澜壮阔的景色，并且借景抒情，劝勉失意的人不要因为自己的不幸而忧伤，要“不以物喜，不以己悲”，要摆脱个人的得失，以国家的前途为重；要“居庙堂之高则忧其民，处江湖之远则忧其君”，时刻为江山社稷和百姓着想，是“进亦忧，退亦忧”。那么，什么时候才能快乐呢？范仲淹豪迈地说出了那句话：“先天下之忧而忧，后天下之乐而乐。”这是多么远大的理想！这两句话，概括了范仲淹一生追求的为官做人的准则，体现了他宽广的胸襟和强烈的责任感。其实，我们回顾范仲淹的为官经历，他一直在践行着这句话。正如范仲淹的好友韩琦评价他说：“竭忠尽瘁，知无不为。……天下正人之路，始公辟之。”

在邓州三年任期满后，范仲淹又到杭州任职。在杭州任上，范仲淹做了一件大事，就是用毕生大部分的积蓄在家乡购置良田千余亩，设立义庄。义庄的作用相当于现代的慈善机构。这里要说明的是，范仲淹购置义庄的钱是他从俸禄里一点一点省下来的。据说，范仲淹晚年有个习惯，睡前要在心里核计一日所需的费用，才能安心入睡。而且，范仲淹一生节俭，他的妻子和孩子的饮食、衣着都很朴素。他的儿子范纯仁结婚时，有人说新娘子要用锦罗做帷幔，范仲淹知道后很不高兴，说："我们家向来节俭，怎么能用锦罗做帷幔，坏了我们的家法？如果拿到我家，我一定把它烧了。"但是，范仲淹却愿意将钱舍给那些受困的人。设义庄的举措，同样是他"以天下为己任"的实践。

后来，范仲淹又知青州（今属山东），此时的他身体已经很不好了。皇祐四年（1052 年），范仲淹自青州调往颍州（今属安徽），途经徐州时一病不起，最终病逝于此，终年六十四岁。

范仲淹为后世树立的“三观”

范仲淹去世后，在他从政过的地方，百姓纷纷为其建祠画像，以示纪念，更重要的是他的品格和精神深深影响着后世，至今仍具有启发意义。

首先是持正修身、淡泊物欲的名利观。中国古代社会，做官的人大多关心自己在仕途上的升迁进退。为求升官，有些官员处心积虑，孜孜以求，甚至弄虚作假，欺君邀功，但范仲淹是个例外。从史书记载上看，他对功名的态度可以概括为有功升官，无功虽加于己而不受，有功加之不当亦不受。范仲淹做官后，尽管生活条件大大改善，但他没有像一些官宦那样追求物质享受，“其后虽贵，非宾客不重肉。妻子衣食，仅能自充”。他不仅自己不浪费，还乐善好施，拿出薪俸帮助穷人，设立义庄。由于其“泛爱乐善，……虽里巷之人，皆能道其名字”，可见其深受百姓爱戴。范仲淹的这种品格反映了他注重名誉、节操，不计较个人得失，而是专注为国家建功立业的心志。这种志在报国的崇高理念，也激励和感染了后世之人，南宋朱熹说“宋朝忠义之风，却是自范文正作成起来也”。欧阳修在范仲淹去世后评价道："公少有大节，于富贵、贫贱、毁誉、欢戚，不一动其心，而慨然有志于天下。"

其次是治国安民、匡救时弊的为政观。范仲淹自幼刻苦求学，进士及第后入仕做官，这不是为了个人的功名富贵，而是为了实现自己的政治理想——治国安邦，他的所作所为充分证明了这一点。在地方任官时，范仲淹十分关心百姓疾苦，注意安抚百姓，为此甚至敢于犯颜抗争，这是他民本思想的体现。面对西北的边患，范仲淹临危受命，他亲自到前线察看，制定了符合客观实际的策略，最终使边境局势缓和下来，功绩卓著。任参知政事时，范仲淹力主改革，推行新政，针对当时"三冗"的时局，提出改革的十条建议。这次改革虽然失败了，但对后世产生了很大影响。

最后是舍身进谏、以天下为己任的忠义观。从范仲淹的政治生涯来看，向皇帝进谏言事是其参政的重要内容。进谏，就有可能得罪皇帝和比自己地位高的当权者。但在范仲淹看来，履行臣子的职责，实现安邦治国志向的最好方式就是进谏言事，即使为此丢官甚至丢掉性命也在所不惜。他为了敦促刘太后还政于仁宗，上书朝廷，结果被贬官；他为了国家和百姓的利益，直陈当朝宰相吕夷简的过失，又遭贬谪。即使这样，范仲淹也无怨无悔，因为他所做的是以“天下为己任”的大事，而不是谋求个人利益的私事，这种行为方式和准则，深深影响着后代的从政者。正如金代元好问总结范仲淹的一生时说道：“文正，在布衣为名士，在州县为能吏，在边境为名将。其材其量其忠，一身而备数器。”

欧阳修

醉翁之意不在酒

欧阳修（1007—1072），字永叔，号醉翁，晚号六一居士，江西庐陵（今江西吉安市）人，北宋著名政治家、文学家、史学家，『唐宋八大家』之一。《宋史》卷三一九有传。欧阳修一生的成就是多方面的：作为官员，他刚直敢言，忠于职守，勇于革新，关注民生，举荐贤才，奖掖后学。作为文士，他倡导诗文改革，并留下了大量的文学作品，其中《醉翁亭记》《朋党论》等成为流传千古的名篇。作为学者，他与宋祁主编了《新唐书》，又独自撰写了《新五代史》；他的诗论专著《六一诗话》，更是开创了后世诗歌理论作品的新体例。

“环滁皆山也。……峰回路转，有亭翼然临于泉上者，醉翁亭也。作亭者谁？山之僧智仙也。名之者谁？太守自谓也。太守与客来饮于此，饮少辄醉，而年又最高，故自号曰醉翁也。醉翁之意不在酒，在乎山水之间也。”这几句耳熟能详的话，出自名篇《醉翁亭记》，它的作者，即文中的醉翁，就是北宋时期集官员、文士、学者于一身的欧阳修。

初入仕途

欧阳修是江西庐陵（今江西吉安）人，出生于北宋真宗景德四年（1007年）。“欧阳氏”为庐陵大族，然而到欧阳修的祖父欧阳偃时，家道衰落；欧阳修的父亲欧阳观的官运也不亨通，仅做过绵州军事推官（地方行政长官的僚属）和泰州军事判官（辅佐处理公事的人员）这样的低级官职而已。

不幸的是，欧阳修四岁时父亲欧阳观就病逝了。母亲郑氏不得不带着子女三人投往欧阳修的叔父随州推官（审判官）欧阳晔，以维持家庭生活。

欧阳修自幼聪颖，渴望读书学习。然而以当时的家庭条件看，根本无法供他上学，甚至连纸和笔都买不起。欧阳修的母亲想出了一个办法，她用荻草（一种茎干坚韧的草本植物）在地上写字来代替纸笔，教欧阳修识字，这就是历史上著名的“画荻教子”的故事，欧阳修的母亲也和孟子的母亲一样，被誉为“贤母”，成为后世家教的典范。

等年龄稍大些，欧阳修就开始到当地藏书丰富的人家借书、抄书来读。有一次，欧阳修在一位姓李的人家读书，偶然从一个旧箱子中找到一部残缺的《韩愈文集》。当时，他虽然还不能完全领会韩愈文章中的思想内容，却被韩文的气势和风格深深吸引。他认为，韩愈的文章结构严谨、说理透彻、气势磅礴、感情丰富。从此，韩愈就成为欧阳修心中的典范，他立志要成为像韩愈那样的文学家。同时，欧阳修越来越觉得当时流行的只讲求词句华丽而内容空洞的“时文”，是一种毫无意义的文章。

然而，这种“时文”却是当时科举制度所规定的文章形式和体裁。为了应举，欧阳修不得不学写“时文”，这给他带来的痛苦是可想而知的，更让他感到很有必要对当时的文风进行改革。

宋仁宗天圣七年（1029 年），欧阳修到京城汴梁（今河南开封）参加国子监考试，名列第一，补广文馆生。同年秋，又参加国学解试，仍列第一位。次年正月，试礼部，知贡举又擢为第一名。三月，崇文殿试，中进士及第。五月，宋仁宗授以西京（今河南洛阳）留守推官。年仅二十四岁的欧阳修，从此走上了仕宦之途。当时的西京留守是钱惟演，欧阳修来到洛阳实际做了钱惟演的幕僚，负责管理文书，策划参谋。在推官任上的三年，对于欧阳修来说是比较清闲的，他利用闲暇时间饱览了历史名城的名胜古迹，见到了滚滚的黄河，攀登了矗立于中原的嵩山，并写下了一些赞美歌颂历史名胜和壮丽山河的诗篇，显示出一种清新的风格。值得一提的是，欧阳修在这段时间还结识了诗人梅尧臣，二人在文学上有着共同的见解，因而成了志同道合的朋友。他们用平易朴实的语言写诗文，试图用自己的创作推动文风的革新。只是他们当时所做的努力对社会的影响还不显著，但已经为其后来所倡导的诗文改革运动打下了基础。

《与高司谏书》：一封谴责信

宋仁宗景祐元年（1034 年），欧阳修推官任期满，经过考核，升为馆阁校勘，参与国家图书目录《崇文总目》的编纂。馆阁校勘的职位并不高，只是负责整理秘阁所藏的图籍。但是，这个职位多由学者充任，颇受时人重视。

当时，朝廷政事积弊甚多，宰相吕夷简不顾大局任人唯亲。为此，任知开封府一职的范仲淹每次入朝都发表意见，主张革新，并指斥吕夷简的不作为。吕夷简大怒，以“越职言事，离间君臣，引用朋党”的罪名，将范仲淹贬知饶州（今江西鄱阳市）。当时朝臣纷纷论救，身为左司谏（谏官）的高若讷本应向皇帝据理力争，主持正义，孰料他却以吕夷简马首是瞻，为了保全自己的禄位而丧失原则，非但不救，反而在友人家中诋毁范仲淹。欧阳修得知此事，怒不可遏，写了一封谴责信痛斥高若讷的行为。这就是有名的《与高司谏书》。

这封信言辞激烈，首先指出范仲淹平生刚正不阿，精于学问，博古通今。他在朝为官，立身处事善始善终，秉持正义，这是天下人都知道的。如今因为直言进谏触怒了宰相而获罪。你高司谏非但不能为他辩明无罪，反而来诋毁，认为他应当受到贬斥，这真是太奇怪了。欧阳修进而说道："你随意诋毁范仲淹，却昂然挺胸，十分得意，没有丝毫的羞愧。前几天御史台在朝廷中贴出布告，提出百官不得超越本职谈论政事，这样能够提意见的就只有谏官了。可现在你在谏官这个职位上却不说话，那就应该辞去这个官职，不要妨碍能胜任谏官之职的人来担任。"还说高若讷"不复知人间有羞愧事"，将其行为定性为"君子之贼"。

从这封信中，我们看到了欧阳修的刚正果敢，以及不怕得罪权臣的坦荡心迹。一事当前，只要道义所在，他就会奋不顾身，挺身而出。后人评价欧阳修"为人刚正，……见义敢为，患害在前，直往不顾"，的确不是虚美之词。

然而，这封信却触怒了高若讷和吕夷简，他们联手将欧阳修赶出了朝廷，降为夷陵（今湖北宜昌市）县令。夷陵在当时是小县，争讼多，田契不明，且官吏违法徇私之事很多。欧阳修到任后，对此一一进行纠正，惩处奸恶，尽到了“父母官”的职责。一年后，他又改任乾德（今湖北光化县）县令等职。

以谏官身份支持革新

庆历三年（1043 年），面对积贫积弱的局面，仁宗皇帝重用范仲淹、韩琦等人开始实行改革，这就是历史上有名的“庆历新政”。

宋仁宗还下诏广开言路，增加谏官的名额。欧阳修在此时被召回京城，以太常丞知谏院。对于欧阳修来说，谏官是一个非常理想的职位。他在《与高司谏书》中就提到过，谏官有权向皇帝陈述利弊得失，争论是非，可以把自己看到的不公正或不正确的事直接汇报给皇帝，如果唯唯诺诺，胆小怕事，就不配做谏官。

欧阳修对“庆历新政”是强烈支持的。在庆历二年（1042 年），欧阳修就写了《准诏言事上书》，把北宋王朝的政治、经济、军事形势概括为“三弊”（不慎号令、不明赏罚、不责功实)、“五事”(兵、将、财用、御戎之策、可任之臣),请求仁宗应不失时机地改革朝政。他还写了《本论》,提出欲求天下大治就必须“均财而节兵,立法以制之,任贤以守法,尊名以厉贤”,其中特别强调“任贤”,认为法令是靠人执行的,任用贤能,朝廷的政策就能够顺利推行。对于“任贤”,欧阳修不仅从理论上进行阐述,而且还亲自举贤荐才,他说:“窃惟古人报国之效,无先荐贤。……苟有所见,其敢默然?”我们熟知的包拯、王安石、曾巩、“三苏”等人均得到过欧阳修的赏识与举荐。欧阳修提拔有才之士并非为己,更不是为了结党营私,而是为了国家的前途和百姓的利益。

欧阳修和范仲淹的政治见解也是一致的,他们都主张限制皇亲贵胄和大地主阶级的特权,减轻百姓的负担,裁减臃肿的机构和人员,节约开支,以便缓和危机与矛盾。身为谏官,欧阳修刚劲正直,不畏强权。他不仅揭露了许多政治上不合理的现象,还检举揭发了许多贪官污吏,以此来呼应范仲淹等人的改革。

范仲淹等人的改革触及了大官僚和权臣的利益,遭到他们的极力反对。他们以“朋党”之名攻击范仲淹,企图将其置之死地而后快。为了支持范仲淹，欧阳修写了《朋党论》一文，对“朋党”这个在当时含有贬义色彩的词做了新的解释。文章不讳言朋党，而是指出朋党有原则上的区别，“君子与君子以同道为朋，小人与小人以同利为朋”，并引证历史来说明君子之朋有利于国，小人之朋有害于国，希望国君进君子之真朋，去小人之伪朋。很显然，欧阳修认为范仲淹之朋为君子之朋，是对国家有利的，不应被罢斥。

从此，范仲淹和欧阳修一起，均被守旧势力视为眼中钉，这些人在皇帝面前百般挑拨，肆意诽谤。面对反对势力的攻击和宋仁宗皇帝的猜忌，范仲淹最终请求“罢参知政事，知边郡”，很快获得批准，于是出任陕西、河东路宣抚使。欧阳修则先被派出使河东（治所在今山西太原市），又出任河北都转运使，最后被贬知滁州。“庆历新政”也因此宣告失败。

政绩卓著的地方官

贬官滁州，是欧阳修从政以来第二次遭贬逐。离开京城后，他知滁州两年半，知扬州一年，知颍州一年半，知应天府兼南京留守司事近两年。宋仁宗皇祐四年（1052 年），欧阳修回到颍州为母亲守丧，直到至和元年（1054 年）除丧服，才重返京城为官。近十年的时间，欧阳修可谓辗转四方。这段不平凡的岁月，欧阳修称之为“十年困风波，九死出槛阱”。

欧阳修是在庆历五年（1045 年）到滁州上任的。滁州位于长江、淮河之间，地僻俗淳，山高水美。欧阳修来到这里，尽心于民事，实行宽简的措施。政事之余，为了排解心中的烦闷，他自号“醉翁”，常常登临城南风景秀丽的琅琊山，建醉翁亭为登山休息之所，寄情于山水。于是，就有了那篇流传千古的名作《醉翁亭记》。

文中，欧阳修自叙游山玩水的乐趣，表达了与民同乐的喜悦，抒发了旷达的情怀。至今，醉翁亭景区仍有一株据说是欧阳修亲手栽植的梅树，被后人称为“欧梅”，千百年来受人敬仰，被誉为琅琊山的“镇山之宝”。

当然，欧阳修并没有沉溺于山水美景之中，对朝廷的政事仍颇为关注。他的好友，也是“庆历新政”的拥护者石介，遭到守旧派夏竦的迫害，死在家中，但政敌仍不放过他，谎称其诈死，并扬言要掘墓开棺。欧阳修闻知此事，既愤慨又震惊，他的刚直和正义感油然而生，写下了《重读徂徕集》一诗："已埋犹不信，仅免斫其棺。此事古未有，每思辄长叹。我欲犯众怒，为子记此冤。下纾冥冥忿，仰叫昭昭天。书于苍翠石，立彼崔嵬巅。"他坚信历史是公正的，一定会对善恶忠奸做出正义的裁决："谗诬不须辨，亦止百年间。百年后来者，憎爱不相缘。公议然后出，自然见媸妍。孔孟困一生，毁逐遭百端。后世苟不公，至今无圣贤。"

在颍州，欧阳修"爱其民淳讼简而物产美，土厚水甘而风气和"，甚至萌发了致仕后居于这里的念头。在颍州期间，他勤政爱民。

有一年颍州大旱，欧阳修立即奏请免除此地奉诏征调的万余民夫。又筑白龙沟，引颍州的西湖水以利灌溉，发展农业。他还特别重视当地的教育事业，在西湖畔盖起书院，从此颍州读书风气大开，朗朗的读书声飘荡于西湖碧波之上。有史料记载：欧阳修"守颍，其政不可枚举，而修学校则建西湖书院以造颍士，兴民利则塞白龙沟水以溉湖田，其大略也。……又论政曰：'宽则不急迫，简则不烦索。'"

南京，是北宋时期人口稠密、商业繁荣的都市，这里达官贵人熙来攘往。欧阳修秉性正直，待客如一，从不曲意逢迎，因而有“照天蜡烛”的称号，这是对严明廉正官员的美称。

欧阳修做地方官时讲求实效，立足“民称便”和“宽简不扰”，即为发展生产、改善百姓生活、维护百姓利益提供条件，因而受到人们的交口称赞。曾巩《祭欧阳少师文》说：“公在庙堂，尊明道术。清净简易，仁民爱物。敛不烦苛，令无迫猝。”苏辙《欧阳文忠公神道碑》也说：“公前后历七郡守，其政察而不苛，宽而不弛，吏民安之。滁、扬之人，至为立生祠。”在他去世七百余年后，还有人在开封府署前建“二贤祠”，并祀包拯和欧阳修。开封府衙东西两个牌坊上，一书“包严”，一书“欧宽”。欧阳修的“宽简”和包拯的“威严”同时流芳千古，被传为美谈。

重返朝廷　平步青云

至和元年（1054 年），欧阳修守丧期满奉诏返京，受命编修《新唐书》。当时，宋祁已经大致完成了《新唐书》的《列传》部分，欧阳修主要作了《本纪》《志》

《表》的修纂。他们所依据的材料，除刘昫的《旧唐书》外，还有当时新搜集到的唐代史料，因此新修的《唐书》较之《旧唐书》，“其事则增于前，其文则省于旧。至于名篇著目，有革有因，立传纪实，或增或损，义类凡例，皆有据依”。

《新唐书》修成后，要立编撰者。依旧制，只列官位最高的人。当时，欧阳修的官位最高，“署名权”非欧阳修莫属，但他认为宋祁在编撰过程中功劳很大，不能掩其名而盖其功，于是《本纪》《志》《表》部分书欧阳修的名字，《列传》部分书宋祁的名字。当时的宰相宋庠听说此事感慨万分，称赞道：“自古以来，文人多相轻，像欧阳修这样胸怀坦荡又具有谦虚美德的人，前古未有。”今天，我们看的《新唐书》仍是写欧阳修、宋祁撰。

在史学方面，欧阳修还有一个贡献，就是独自撰写了《新五代史》。这部著作的编撰时间没有明确的记载，但从他给朋友的信札中可以知道，其着手时间很早，编撰时间很长，直到晚年才完成。这部书重视史论，笔锋常带感情色彩，表现出文学家修史的特点。其中的《伶官传序》是史论名篇，文章开头便提出“盛衰之理，虽曰天命，岂非人事”的论点，叙述后唐庄宗成败兴亡的一生，并总结历史经验教训：“忧劳可以兴国，逸豫可以亡身”，“祸患常积于忽微，而智勇多困于所溺”，以此垂鉴后人。

此外，欧阳修还写了一部很有价值的考古著作《集古录》。一直以来，欧阳修都注意收集自周秦至五代时期的青铜器和碑刻书法材料，并加以考证，形成此书。今天，这部书虽已散佚，但现存的四百篇《集古录跋尾》都是考订文字，可以与史书相互证明。此后的许多学者多是沿着这条道路，搜集金石文字，并进行考证，逐渐形成了一门学问——金石学。

还需一提的是，宋仁宗嘉祐二年（1057 年），欧阳修以翰林学士身份主持了科举考试，他利用这个时机，推行了诗文革新。前面说到，欧阳修对科举的“时文”很是反对，认为它空洞无实，仅追求华丽的文辞而已。这次考试，他规定参加考试的士子必须采用平淡朴素的语言写文章，凡是内容空洞、华而不实或者故意卖弄文字者，一概不取。这个举措遭到了当朝一些官员和年轻读书人的反对。面对重重压力，欧阳修毫不动摇，坚持到底。最终，士人对欧阳修的主张渐渐信服，文风也有所改变。

应该说，欧阳修的诗文革新运动是和唐代文学家韩愈一脉相承的，其理论基础就是“文以明道”。他认为“道”是内容，是本质；“文”是形式，是“明道”的工具。他还把“道”比作金玉，把“文”比作金玉所发出的光辉。也就是说，诗文创作必须要有思想内容，文章的好坏并不取决于形式如何，而要看内容的深度和意义。在今天看来，欧阳修的主张是有进步意义的，特别是对选拔有识之士起到了积极作用，这也是这场运动能够顺利推进的一个原因。

从嘉祐五年（1060 年）开始，欧阳修的官运亨通起来：先任礼部侍郎兼翰林侍读学士，又拜枢密副使，又转户部侍郎拜参知政事，进封开国公，又进正奉大夫，加柱国，又进阶光禄大夫，加上柱国。年近花甲时，欧阳修已然成为朝廷的重臣。虽然地位蒸蒸日上，但他没有忘记初心，其忧国忧民、革弊兴利之志反而更加热切。欧阳修颇为信奉《周易》中的“变通”之学，曾说：“凡物极而不变则弊，变则通。”“物无不变，变无不通，此天理之自然也。”他支持“庆历新政”，就是从这一点出发的。在身居高位后，欧阳修鉴于时弊常常呼吁改革弊政。宋英宗治平二年（1065 年），他感叹国事说：“恐上下因循，又如庆历之初矣。”

求退致仕

欧阳修的秉公执政、不徇私情、刚直果敢在朝中得罪了不少人。宋英宗治平四年（1067 年）忽然兴起了“长媳案”，污蔑欧阳修“帏薄不修”，与长媳关系暧昧。后经朝廷核查，证明纯属诬罔。宋神宗两次下手诏安慰欧阳修，案件的发起者御史蒋之奇等人也遭到贬黜。可是身为宰辅，又是文人学者的欧阳修蒙此大辱，身心俱疲，乃决意求退，以全晚节。他知道此时致仕，恐怕朝廷不会答应，于是请求外任，出知亳州（在今安徽）。

在亳州，他随笔记录史官不载的朝廷遗事、社会风情以及士大夫的逸闻趣事，取名《归田录》。“归田”二字，已经表明这位年过花甲之人的心迹。此后，欧阳修又在青州（在今山东）、蔡州（今河南汝南县）等地为官。在蔡州时，他写了《寄答王仲仪太尉素》一诗：“丰乐山前一醉翁，余龄有几百忧攻。平生自恃心无愧，直道诚知世不容。换骨莫求丹九转，荣名岂在禄千钟。

明年今日如寻我，颍水东西问老农。”作品既概括了诗人一生的行为节操、志趣情怀，也抒发了他盼望归隐颍州的心情。

欧阳修晚年自号“六一居士”，写了《六一居士传》，自述晚年生活的情趣。他写道：“客有问曰：‘六一，何谓也？’居士曰：‘吾家藏书一万卷，集录三代以来金石遗文一千卷，有琴一张，有棋一局，而常置酒一壶。’客曰：‘是为五一尔，奈何？’居士曰：‘以吾一翁，老于此五物之间，是岂不为六一乎？’”读书、集古碑文、弹琴、下棋、饮酒，成为他晚年的精神寄托。

宋神宗熙宁四年（1071 年），欧阳修以观文殿学士、太子少师的荣衔致仕，归居颍州西湖之滨。次年病逝，朝廷赐谥“文忠”。他平生所写的诗文奏议，大多收入后人所编的《欧阳文忠公集》中。

欧阳修一生的成就是多方面的：作为官员，他刚直敢言，忠于职守，勇于革新，关注民生，造福百姓，举荐贤才，奖掖后学。作为文士，他倡导诗文改革，使文章变得质朴充实，开创了一代文风，还留下了大量的诗文作品，其中《醉翁亭记》《丰乐亭记》《朋党论》

等成为流传千古的名篇，而且欧阳修本人也名列“唐宋八大家”之一。作为学者，他与宋祁主编了《新唐书》，又独自撰写了《新五代史》，这两部著作都被列入“二十四史”中；他写的《六一诗话》(原书只称《诗话》，后人称引时名为《六一诗话》《六一居士诗话》等)，是一部诗论专著，评论唐代和北宋时期的诗歌，这部书是文学理论史上以“诗话”为名的第一部著作，开创了后世诗歌理论作品的新体例。

郭守敬

守道与敬业

郭守敬（1231—1316），字若思，邢台（今河北邢台市）人，元朝著名的天文学家、水利工程学家，官至太史令，世称『郭太史』。《元史》卷一六四有传，元代苏天爵所撰辑《元朝名臣事略》卷九也有对其事迹的详细记述。郭守敬一生的成就主要集中在水利和天文领域。他修浚西夏境内的古渠，使当地农田得到灌溉，百姓受益良多。后来又主持开凿通惠河，并对京杭大运河进行疏浚和完善，从而保障了漕运，巩固了国家的统一，同时对南北方经济文化的交流和繁荣起到了促进作用。此外，他还发明创造了多种天文仪器，修订历法，编成《授时历》，对后世产生了巨大影响。郭守敬在工作中表现出的实事求是、因地制宜、注重实际以及理论和实践相结合的科学精神和严谨态度，更值得后人学习。

在北京积水潭的西北角，有一座绿树成荫的小山，山顶有一座红墙碧瓦的院落，常常引来路人好奇的目光。人们纷纷顺着蜿蜒的山路拾级而上，一探究竟。这座建筑始建于明代，初名“镇水观音庵”，清乾隆年间重修，改名“汇通祠”。20 世纪 80 年代末，在汇通祠内建立了郭守敬纪念馆，用来纪念这位元代杰出的水利工程和天文学家。

少年时代展露才华

郭守敬的家乡在今河北邢台市，他生于金哀宗正大八年（1231 年），此时金朝已经走向穷途末路，最终在公元 1234 年为蒙古所灭。

郭守敬的祖父名叫郭荣，是金元之际一位颇有名望的学者。他精通“四书五经”，熟知天文、算学，还擅长水利技术。郭守敬就是在祖父的教导下成长起来的。

郭荣一边教郭守敬读书，一边领着他去观察自然现象，体验实际生活。郭守敬从小就喜欢自己动手制作各种器具。有人说他生来就有奇特的秉性，从小不贪玩，其实这是因为郭守敬把全部心思都用到了研究器具上。

还在十五六岁时，郭守敬就显露出一定的科学才能。当时，他得到了一幅“莲花漏图”，便对图样进行了详细研究，居然摸清了制作方法。

莲花漏是古代一种计时器，是北宋科学家燕肃在古代漏壶的基础上改进而成的。该器具由好几个部分组成，工艺复杂，原理也不浅显，即使对于成年学者来说也不是一件容易的事情。而年纪轻轻的郭守敬居然把它弄得一清二楚，这足以证明他是一个喜爱刻苦钻研的孩子。

还有一件事，体现了郭守敬对科学的悟性以及才能。当时，邢台北郊有一座石桥，金朝与蒙古开战的时候，这座桥被破坏了，桥身陷入泥淖。日子一久，竟没有人能说得清它的所在。郭守敬通过勘察，了解了河道的地形，于是对旧桥基有了估计。根据他的指点，居然挖出了久被埋没的桥基。那一年郭守敬才二十岁，就已经能对地理现象做出颇为细致的观察和探究了。

为了让孙儿开阔眼界，郭荣还把郭守敬送到老友刘秉忠门下学习。这位刘秉忠是元代初期杰出的政治家和文学家，是他建议忽必烈取《易经》“大哉乾元”之意，将蒙古更名为“大元”；他对元大都的规划和设计，形成了北京最早的城市雏形。郭守敬在刘秉忠那里学到了很多知识和本领。

兴修水利，利国利民

中统元年（1260年），忽必烈即位称帝。他十分重视对农业和水利工程的建设，要求大臣积极推荐水利人才。此前，刘秉忠已为忽必烈所用。临行前，他把郭守敬托付给了老同学张文谦。张文谦后来到大名路（今河北大名一带）等地任宣抚司（管理地方行政的官署）的长官，郭守敬也一起去了。在那里，郭守敬跟着张文谦到各处勘测地形，筹划水利方案，并做了不少的实际工作。郭守敬的科学知识和技术经验由此更加丰富了。

于是，在中统三年（1262年），张文谦把郭守敬推荐给了元世祖忽必烈，说他熟悉水利，能力出众。忽必烈在上都召见了郭守敬，听了他关于全面发展华北地区水利和漕运的建议后十分高兴，授予其“提举诸路河渠”的职务。自此，郭守敬开启了自己的水利人生。

至元元年（1264 年），忽必烈派张文谦去西夏（今宁夏一带）巡察，张文谦知道西夏很多水闸、水坝都遭到了毁坏，渠道也被堵塞，所以带上了擅长水利的郭守敬。郭守敬到了西夏后立即展开调查，提出了“因旧谋新，更立闸堰”的方案，经忽必烈批准后付诸实施。当地百姓对这项与自己有切身利害关系的大事给予了大力支持，大家一起动手，工程在几个月内就完成了。九万多顷的土地得到了灌溉，极大地造福了当地人民。

郭守敬在水利方面最大的贡献应该是开凿了京杭大运河最北段，即由通州到大都积水潭（称为“通惠河”），同时又疏通了原有的运河，实现了大运河的全线通航。

公元 1260 年，忽必烈登基之后以上都为都城。但是上都位置偏北，不利于对中原地区的控制，因此公元 1264 年，忽必烈在解决了与其弟阿里不哥的汗位之争后，决定迁都至燕京（今北京）。

燕京地区当时尚有金中都的故城，然而此城经历了金朝末年的战争，宫殿多被焚毁，而且城市供水来源——莲花池水系也出现了水量不足的情况，无法满足百姓日常生活的需要。于是，忽必烈下诏在金中都的东北另建新城，定名为大都，而将上都作为陪都。至元四年（1267 年），营建工作开始，总负责人就是中书省官员刘秉忠。

值得注意的是，大都城内每年消费的粮食达几百万石，这些粮食绝大部分是从南方产粮地区征运来的。史载："天下岁入粮数，总计一千二百十一万四千七百八石，腹里二百二十七万一千四百四十九石，……江浙省四百四十九万四千七百八十三石。"当时，海运航程风水险恶，"人船俱溺者""船坏而弃其米者"时有发生，故而以漕运为首选。金朝在华北平原利用天然水道和隋唐以来修建的运河建立了一个运输系统。但由于自然条件的原因，它的终点不在北京城内，而在通州，离京城还有几十里路。这段路程只有陆路可通。陆路运输要用大量的车、马、役夫，一到雨季便泥泞难走，粮车往往陷入泥中，夫役们苦不堪言。

因此，至元二十八年（1291 年），郭守敬提出了大规模跨流域调水，疏浚通州至都城河流，修建京通运河的计划。郭守敬在建设京通运河时解决了两大技术难题：一是白浮引水工程（自昌平白浮村引神山、一亩、玉泉诸泉，至西门入都城，东至通州高丽庄入白河）；二是建立坝闸，实现“节水行舟”。这堪称水利史上的两大奇迹。

当时，元世祖任命郭守敬为都水监，并且调动几万军民，只用了一年半的时间，这条从神山到通州高丽庄的运河，连同闸坝就完工了，它就是通惠河。从此以后，船舶可以一直驶入大都城中，积水潭成为元朝漕运码头的终点，这不但解决了运粮问题，而且促进了南北经济文化的交流，繁荣了元大都的经济，便利了百姓的生活。说到这儿，我们也就明白郭守敬纪念馆为什么要设立于积水潭西北角的汇通祠内了。

到了明代，由于城市规划的变化，通惠河的一部分河段被划入皇城，这里是禁止漕船通行的，由此明清两代漕运的终点发生了改变，由积水潭改到东便门。

除了开凿通惠河外，郭守敬还对京杭大运河进行了疏浚和完善，主要体现在以下三个方面。

一是截弯取直，缩短运河航程。元代时，江南运粮船只从太湖流域装船，沿江南运河、淮扬运河、黄河、御河、白河到达通州，由于黄河为西东走向，船必须绕道河南，因此有一段需要走陆路，由漕车运载，造成了人力、物力的巨大消耗。为了缩短运河航程路线，郭守敬经详细考察后，“乃得济州、大名、东平、泗、汶与御河相通形势，为图奏之”。在获得元世祖的批准后，修成了济州河。济州河融合了山东中部的汶水和泗水两条较大的河流，由于雨旱季水量的差异，又建造闸门以确保通航。后来，有地方官员建议重开一条运河，经郭守敬等人的调查后认为可行，并于当年完工，初名安山渠，因为它是通江淮之运的黄金水道，于是忽必烈将其命名为“会通河”。会通河修通后，江南物资由徐州北上直抵御河，再一路向北直抵京城，大大缩短了运河航程，提高了漕运效率。

二是建立水上驿站。元代的驿路以大都为中心，辐射全国，四通八达。据统计，当时全国驿站有一千四百处左右，分为陆驿和水驿，而水驿的始建者就是郭守敬。为了南征，军需、物资、军队的运输成为关键，郭守敬经过一番考察，得出了建立水上驿站的结论，并绘出了图纸，上报朝廷。这些水上驿站的建立，使陆驿与水驿间的联合更加便捷通畅，既为元朝统一全国提供了有利条件，也为加强中央对地方的管理起到了至关重要的作用。

三是完善运河的管理与修缮制度。元朝初年，都水监、巡河提领所等是最高水利机构。郭守敬曾任都水监。后来，都水监并入工部，郭守敬又出任工部郎中，主管全国的水利工作。在任期间，他主持了全国大量的水利工程建设，不仅疏浚运粮河道，修筑堤防，还设立了“新运粮提举司”（后改称京畿都漕运司）。此外，他还设置了通惠河运粮千户所，以便更加规范地管理通州至大都的漕运。这些工作部分由军队承担，从而把兵部和户部的力量有机地结合在一起，保障了漕运事务的顺利完成。

郭守敬精心设计和改造的大运河，为历史上的北京自元代以来成为全国政治中心提供了交通运输的地理依托。依靠这条绵延三千余里的水运航线，中央增强了政令通达、控御海内的能力，而来自南方的漕粮和其他物资则为运河沿岸城市的经济注入了活力，出现了南北交融的商业街市和文化景象，展现出了一条纵贯南北的运河文化带，这的确有赖于郭守敬的奠基之功。

根据郭守敬在水利建设上的成就，我们可以总结出他的可贵思想。

首先，注重实际与实用。一是郭守敬坚持实地调查，进而提出水利方案。他主持水利工程时，无不事必躬亲，对地势及水情进行详细勘测和分析，并走访百姓，绘制地图，最后才提出措施。这种从实际出发解决问题以及坚持为百姓谋利的思想，值得后人学习。二是他善于根据实际情况处理问题，同时从实际出发确立水利项目，这使他决定兴修的水利工程都是符合国家和百姓需要，而且是因地制宜的。

其次，强调整体和联系。一是全面地考虑问题。比如郭守敬在西夏治理水利时，既考虑到“分杀河势”，又考虑到“灌溉田土”，这样不仅解决了灌溉问题，同时兼顾了防洪，产生了综合效益。二是联系地看待问题。在治理西夏水利时，郭守敬意识到如果重新修建水渠必然会耗费巨大的人力、物力和财力，也可能耽误农田灌溉的时机，但如果只是简单地修复原有的渠道而不加以改造，问题还是得不到根本解决，于是他在修复原有渠系的基础上，采用了“更立闸堰”等新的工程技术，使灌溉系统进一步完善。这种“因旧谋新”的思想，充分体现了他联系地看待问题的科学远见。三是突出重点。郭守敬进行水利建设并非广撒网，这样既浪费资源，又达不到应有的效果。他选择以漕运、灌溉为重点，有的放矢，解决当时最迫切的问题。

最后，提倡考察，求得真知。兴修水利不是只要熟知理论就可以完成的，水利设计是否合理，与事前的考察和总结有很大关系。在水利设计的过程中，郭守敬十分重视实地考察。在开展每项水利建设前，他都要多次实地勘察，根据理论知识与实际条件科学地确定建设方案，避免主观臆断。应该说，这是郭守敬作为一位严谨的科学家所体现出来的素质和责任。

改进天文仪器，编订《授时历》

我国古代的天文学是比较发达的。西汉以后，国家天文台的设备和组织已经相当完善。它的主要任务之一是观测天象，编制历法。这对于国家的祭祀活动、百姓的生产生活，都有着深远的意义。因此，朝廷对这项工作是相当重视的。

一种历法用久了，误差就会逐渐显现出来，这就需要修改。而每次重大的历法修改，总会带来一些创造和革新，如仪器的精确化、数据的准确性、天文学理论的完善和丰富等。历法的发展可以说是中国天文学史的一条主线。

元朝初年，用的是金朝的“重修大明历”。这个历法是公元1180年颁行的，几十年来误差逐渐加大，发生过好几次推测天象与实际不符的事情。重新编订历法成为迫在眉睫之事。

元世祖迁都大都后，决定修改旧历，他下令建立太史局，调动全国各地的天文学者另修新历。这件工作由精通天文和数学的王恂主持。

得到任务的王恂，立马就想到了老同学郭守敬。虽然郭守敬一直在水利部门工作，但他擅长器械制造，又通晓天文，这些是王恂很早就知道的。郭守敬在王恂的推荐下，参加了修历工作。这是郭守敬在水利领域之外又一项新的科学活动，同样取得了较高的成就。

要修历，就要先完善天文观测设备。郭守敬首先检查了大都城里天文台的仪器装备。这些仪器都是金朝的遗物，其中的浑天仪还是北宋时期的东西，是当年金兵攻破北宋都城汴京（今河南开封市）以后得到并搬到中都来的。另外，天文台所用的圭表也因年深日久而变得歪斜不正。

郭守敬认为这些仪器都太老了，而天文观测必须精确，仅仅靠修缮肯定是不行的。于是他开始创制一套更精密的仪器，为改历工作奠定了技术基础。

古代历法制定工作中所要求的天文观测，主要是两类：一类是测定二十四节气，特别是冬至和夏至的确切时刻，用的仪器是圭表；另一类是测定天体在天球上的位置，用的主要工具是浑天仪。

对于圭表，郭守敬首先分析了造成误差的原因，并找出解决的办法。比如，他把圭表的表杆加高了五倍，观测时的表影也就加长了五倍。表影加长了，按比例推算各个节气时刻的误差就会大大降低。他还改进了量取长度的技术，使原来只能量到“分”位的数据提高到“厘”位，原来是“厘”位的则提高到了“毫”位。这一系列的改进，为观测工作的顺利开展奠定了坚实的基础。

对于浑天仪，郭守敬就不是简单地改进了，而是进行了创造。他只保留了此前浑天仪中最主要且必需的两个圆环系统，并且把其中的一组圆环系统分出来，改成另一个独立的仪器，其他系统的圆环则完全取消。这样就从根本上改变了浑天仪的结构，这种创造和原来的浑天仪相比既实用，又简单，所以取名“简仪”。简仪的结构，与“天图式望远镜”的构造基本一致。在欧洲，这种结构的测天仪器，直到18世纪以后（相当于清中期）才开始从英国流传开来。

郭守敬用这架简仪进行了许多精密的观测，其中两项对新历的编算具有重大意义。一项是黄道和赤道交角的测定，另一项是二十八宿距度的测定。在改历过程中，郭守敬还创造了近二十种仪器和工具，如仰仪。这是新历能够取得成功并影响后世的一个重要原因。

经过郭守敬等人的努力，公元1280年，一部新的历法宣告完成。按照“敬授民时”的古语，此历取名“授时历”。同年冬天，朝廷正式颁发了根据《授时历》推算出来的下一年的日历。如今，《授时历》这个名字被写入中学历史教材，是学生应该掌握的重要知识点，体现了我国古代天文历法的发达程度和进步性。

《授时历》在中国沿用了三百六十多年，是我国古代一部十分精良的历法，而且影响到了朝鲜和日本。它提出一个回归年为365.2425日，这一数据的提出比现在通行的《格里高利历》（公历）早了三百零一年。

从整体上说，郭守敬的多项创新发明对当时天文学的研究工作有着突出贡献，而他之所以能够创制出具有较高应用价值的先进设备，主要在于他具有较强的创新意识以及社会责任感。在进行自主创造期间，他会充分搜集民间各种天文学知识，并对这些理论进行整合分析后提出新的观点，然后再着手于各项工作，这种善于总结前人成果又求真务实的精神，值得我们学习。

水利和天文方面的成就，使郭守敬的声望越来越高。公元 1303 年，元成宗下诏，凡是年满七十岁的官员都可以退休，唯独郭守敬，因为朝廷还有许多工作要依靠他，因而延缓其退休。公元 1316 年，为科学事业辛劳了几十年的郭守敬去世，享年八十六岁。

郭守敬的科学成就享誉中外，数百年来，人们采用多种形式表达对他的敬意和怀念。1962 年，中国邮电部发行了两枚郭守敬纪念邮票。1970 年，国际天文学联合会将月球上的一座环形山命名为“郭守敬环形山”。1977 年 3 月，国际小行星中心将小行星 2012 命名为“郭守敬小行星”。中科院国家天文台也将国家重大科技基础设施“LAMOST 望远镜”命名为“郭守敬天文望远镜”。

郑板桥

一枝一叶总关情

郑板桥（1693—1765），名燮，字克柔，号板桥，江苏兴化人。康熙时举秀才，雍正时中举人，乾隆时获进士。清代著名书画家、诗人和官员。其主要事迹记载于《清史稿·郑燮传》和《清史列传·郑燮传》中。郑板桥做过山东范县、潍县两县的知县，为政期间他关心民间疾苦，为百姓排忧解难，写下了『衙斋卧听萧萧竹，疑是民间疾苦声。些小吾曹州县吏，一枝一叶总关情』这首著名的题画诗，有着『郑青天』的美誉。郑板桥的诗书画被誉为『板桥三绝』，其中蕴含着他刚直不阿、坚毅不拔的气质和性格，为后世所赞赏。

“难得糊涂”四个字想必大家都非常熟悉了。对！它出自清代郑板桥之手。提起郑板桥，更是家喻户晓的人物，他与金农、黄慎、李鱓、李方膺、汪士慎、罗聘、高翔合称为“扬州八怪”，在书法、绘画方面有着很高的艺术成就。然而，你可能不知道，除了艺术领域外，郑板桥还是一位诗人、一个好官、一名合格的家长。

郑板桥生平

郑板桥生于清康熙三十二年（1693 年），一生经过了康熙、雍正、乾隆三朝，卒于乾隆三十年（1765 年）。对于郑板桥的生平，人们说他是“康熙秀才，雍正举人，乾隆进士”。当然，这只是针对他的科举之路说的。

纵观郑板桥的一生，大致可以分为三个时期：四十岁以前，是他在贫困中奋发的时期；四十岁到六十一岁，是他中举成进士做官的时期；六十一岁以后，是他客居扬州卖字鬻画的终老时期。

郑板桥出生在书香门第的家庭，其曾祖名新万，字长卿，是个庠生；祖父名湜，字清之，是个儒官；父亲名之本，字立庵，是个廪生，先后教授过数百名学生。然而，郑板桥出生时，他的家境已经开始衰落，更为不幸的是，在郑板桥三岁时，其生母就去世了，他由祖母的侍女费氏抚养长大。费氏是一位善良、勤劳、质朴的劳动妇女，她给了郑板桥悉心周到的照顾和无微不至的关怀，这对小板桥的成长影响很大。为了走科举之路，郑板桥自幼便跟从父亲学习，十七岁于真州的毛家桥读书，二十岁又跟从陆种园、楼兰亭两位先生学填词。郑板桥聪明颖悟，读书刻苦又奋发自强，分析问题也很有见地，二十多岁时便成了当地有名的秀才。考取了秀才，就相当于踏上了科举之路的第一步。

谁知，郑板桥三十岁左右时他的父亲也去世了，后来他的妻子和叔父又相继去世，这对他真是晴天霹雳般的打击。郑氏一家人的生活重担都落在了郑板桥身上。

本来家境就不富裕，到此时日子过得更艰难了。郑板桥是这样描述当时的家境的："爨下荒凉告绝薪，门前剥啄来催债"，"我生二女复一儿，寒无絮络饥无糜"。为了维持生计，郑板桥先是辞去了在真州的教书生活，继而开始了在扬州十年的卖画生涯。应该指出，在当时的社会中，郑板桥生活困苦的主要缘由就是，他未能在乡试中得中举人而走上仕途。加之当时郑板桥的名气不比当今，因此靠卖画生活的郑板桥日子过得很惨淡。后来，幸得好友慷慨解囊，他才能够摆脱家庭的重担重新发奋读书。

果然，功夫不负有心人。雍正十年（1732 年），四十岁的郑板桥终于考中了举人。紧接着，乾隆元年（1736 年）他又会试登第，考中了进士，从而获得了踏上仕途的机会。

乾隆七年（1742 年），郑板桥受任山东范县知县。为政期间，他重视农桑、体察民情，使百姓安居乐业，颇有政绩。四年后，郑板桥又被调到山东潍县（今山东潍坊市）任知县。上任伊始，他便改革弊政，严明执法，主持正义，对残害百姓的贪官污吏、土豪劣绅严惩不贷。

谁知，这些明智之举得罪了上层官员的利益，他们将郑板桥视为肉中刺、眼中钉，必欲除之而后快。于是，这些“肉食者”上下串通，罗织罪名，颠倒黑白，栽赃诬陷。最终，乾隆十八年（1753 年），六十一岁的郑板桥被罢了官。与那些“贪不贪，一人州官，雪花银子三万三”的贪官不同，郑板桥两袖清风。据记载，他虽为官十多年，却没有多少家当，去官之日搬家仅用了三头毛驴：一头毛驴郑板桥自己骑，还驮着简单的行李；一头毛驴驮着两大夹板书和一件乐器；还有一头毛驴由引路的人骑着。众百姓为郑板桥被罢官而抱不平，临别之日不少人前来送行。郑板桥离开之前，提笔画竹题诗以表心志，诗是这样写的：“乌纱掷去不为官，囊橐萧萧两袖寒。写取一枝清瘦竹，秋风江上作渔竿。”

被罢官后的郑板桥回到了扬州，重操书画旧业。他居住在扬州城北的竹林寺，常与诗朋画友切磋书法绘画艺术，因此书画方面的名气也日益大了起来。失去了做官的经济来源后，郑板桥以卖字画为生。他生活虽然非常俭朴，但仍心系百姓。据说他卖字画挣的钱，除了自己的日用开销之外，都存在一个大布口袋里，凡是遇到穷苦的百姓和受难的亲戚朋友，他都慷慨资助，直到囊空钱尽为止。但对那些势利的达官贵人则毫不客气，凡让其画画的，分文不得欠缺。

十余年后的乾隆三十年（1765 年），郑板桥与世长辞，终年七十三岁。

好官“郑青天”

郑板桥五十岁的时候得到了第一个职位——山东范县知县，直到他六十一岁被罢官，一共做官十余年。无论是当时的人还是后人评价郑板桥，都认为他是一个勤政爱民、清廉洁己的好官。

据记载，郑板桥到范县上任的第一件事便是让属吏在县署墙壁上挖孔穿洞，并与街市相通。这一惊世骇俗的举动，让人们既费解又觉得好笑。有人问他为什么要在墙壁上挖这么多窟窿。郑板桥风趣地回答：“出前官恶习俗气耳。”在当时，说这种话是要冒着树敌的风险的，并可能陷自己于水火之中。但郑板桥就是要以这个宣言来表达自己的为官准则，同时也为自己将来在官场的行为立下自律的戒条。

他为官行事的风格也与往常的知县不同。按照以往，县太爷出门总得乘坐两人抬的小轿，还有人在前面鸣锣开道。可郑板桥一概全免，经常徒步出行，并深入民间体察民情。在民间，他亲眼见到了百姓生活的疾苦，也知道百姓生活贫苦多是由于苛捐杂税太厉害。更主要的是，他认识到“天地间第一等人，只有农夫”，他们“皆苦其身，勤其力，耕种收获，以养天下之人。使天下无农夫，举世皆饿死矣”（《范县署中寄舍弟墨第四书》）。而作为读书为官之人，就要“得志泽加于民”，这是他爱民、惠民之民本思想的体现。于是，他开始想办法解决百姓的生活问题。郑板桥还时刻注意“何养何教，通性达情；何兴何废，务实辞名”。在审理案件时，他谨慎小心，公正合理，生怕产生冤假错案。在范县执政期间，当地可谓五谷丰登，百姓安居乐业。他在《登范县城东楼》一诗中描述了当时的情况：“独上秋城望，高楼出晓烟。西风漳邺水，旭日鲁邹天。……时平兼地僻，何况又丰年。”明代郑方坤《本朝名家诗钞小传》说郑板桥“既得官，慈惠简易，与民休息，人亦习而安之”，《范县志》说郑板桥“通达事理”，确是事实。

乾隆十一年（1746 年），郑板桥被调到潍县任知县。就在潍县知县任上，郑板桥写下了那首脍炙人口的题画诗《潍县署中画竹呈年伯包大中丞括》:“衙斋卧听萧萧竹,疑是民间疾苦声。些小吾曹州县吏,一枝一叶总关情。”第一、第二句托物取喻,描述作者听到窗外阵阵清风袭来,吹动竹子发出呜呜声,他联想到这是百姓的疾苦,好像饥寒交迫中的百姓在发出呜咽之声。第三、第四句畅舒胸怀,指明百姓的生活与为官者密切相关,为民解忧是为官者的职责所在。这两句诗拓宽了诗的内涵,体现了郑板桥心系百姓的从政理念,堪称官德的典范。他是这样说的,也是这样做的。

刚刚到潍县上任的郑板桥就遇到了大的灾荒。数十万百姓啼饥号寒,甚至出现了“人相食”的惨状。郑板桥在《思归行》诗中记述了当时的情景:“山东遇荒岁,牛马先受殃。人食十之三,畜食何可量。杀畜食其肉,畜尽人亦亡。”在《逃荒行》一诗中,他又写道:“十日卖一儿,五日卖一妇。来日剩一身,茫茫即长路。”无数的百姓卖儿卖女,流离失所,朝不保夕。这真是给刚刚上任的郑板桥出了道难题。面对这样的惨状,郑板桥连续向上级奏本,要求开仓赈粮,救济灾民。谁知上级根本不管百姓的死活,迟迟不给回复。灾情很严重,每天都有大量的人饿死。于是,郑板桥不等上级回复，毅然决定开仓赈济。有属吏阻止他，认为这不合程序，会丢官的。郑板桥说：“这都什么时候了！如果再等上级的回复，那百姓就没有能活下来的了。如果上级责怪下来，我都担着。”于是，他下令开仓放粮，百姓凭券来领。除了赈济之外，他还推行“以工代赈”，方法是以修补潍县城墙的缺口为由，令富商大贾捐资捐粮，他自己也带头捐资，从而招来远近饥民赴工就食。换句话说，就是为受灾百姓提供工作岗位。同时，他还下令不许大宅户、大粮商囤积居奇，高价出售粮食，而是要开场煮粥，救济灾民。这些举措救活了数以万计的灾民。

还有一件事可以看出郑板桥的廉洁自守。郑板桥在潍县虽然只是知县，但也有一定的权力，如选拔属吏，招募有勇有谋的人来维持地方的治安，等等。一次，郑板桥的亲戚给他写信，想让他帮自己在衙门里找个职位。郑板桥的回复是：“岂能为私人谋枝栖？”

郑板桥曾说：“安人龚渤海，执法况青天。”“龚渤海”即汉代渤海太守龚遂，《汉书·循吏传》中说他“所居民富，所去见思，生有荣号，死见奉祀，此廪廪庶几德让君子之遗风矣”。“况青天”是明代苏州知府况钟，

《明史·况钟传》赞他“能于其职”，昆曲《十五贯》演的就是况钟的故事。郑板桥为官以龚遂和况钟为榜样，为民请命，主持正义，他任知县期间无留牍、无冤民，潍县百姓称他为“郑青天”。

郑板桥去官之日百姓哭号挽留，潍县百姓为其建生祠以示纪念，真可谓“留得清气在人间”。

郑板桥的家风家训

在中国古代家庭教育思想中，儒家教育思想无疑是代表。儒家倡导家和万事兴，重视家庭德育，强调父慈子孝、敦亲睦邻、长幼有序。郑板桥的家庭教育观正是在继承儒家家庭教育思想的基础上，根据自己的实际情况，运用到现实生活当中的。

郑板桥认为，人与人之间应该是平等的，不应有等级区分。他在家书《雍正十年杭州韬光庵中寄舍弟墨》中写道：“谁非黄帝尧舜之子孙，而至于今日，其不幸而为臧获，为婢妾，为舆台、皂隶，窘穷迫逼，无可奈何。非其数十代以前即自臧获、婢妾、舆台、皂隶来也。……王侯将相岂有种乎？”他认为，同为华夏子孙、义属同胞，王侯将相也并非生来就高人一等，他们与普通百姓并没有本质的区别。富贵贫贱也并非与生俱来，穷达也不一定出自命数，想要改变命运就要“奋发有为，精勤不倦”。郑板桥还反对以富欺贫、以贵傲贱，他时常教育家人要尊重他人、平等待人，包括奴婢、仆人。他在这封家书中说：“愚兄为秀才时，检家中旧书簏，得前代家奴契券，即于灯下焚去，并不返诸其人。恐明与之，反多一番形迹，增一番愧恧。自我用人，从不书券，合则留，不合则去。何苦存此一纸，使吾后世子孙，借为口实，以便苛求抑勒乎？如此存心，是为人处，即是为己处。”郑板桥以烧毁前代家仆契券之举教育堂弟及家人要体恤仆人，尊重他们的劳动。

对于孩子的教育，郑板桥更是上心。他三十二岁时，年仅九岁的儿子不幸夭折。五十二岁时，郑板桥又得一子，他自己说：“余五十二岁始得一子，岂有不爱之理！”五十二岁算是老来得子了，爱子心切理所应当。郑板桥由于担心儿子在山东水土不服，自己又政务繁忙，因此将孩子交由在家乡的弟弟郑墨代为养育。他给弟弟写了许多封家书，嘱托他关心儿子做人、读书等方面的问题。在《潍县署中与舍弟墨第二书》里，他叮嘱堂弟："我不在家，儿子便是你管束。要须长其忠厚之情，驱其残忍之性，不得以为犹子而姑纵惜也。"爱可以，但绝对不能溺爱、偏爱，更不可以放纵，这是郑板桥家教方针的首要要求。同时，郑板桥还因为自己为官，担心儿子从小会有优越感而不思进取，因此他在《潍县寄舍弟墨第三书》中写道："我虽微官，吾儿便是富贵子弟，其成其败，吾已置之不论。但得附从佳子弟有成，亦吾所大愿也。……纸笔墨砚，吾家所有，宜不时散给诸众同学。"对于身边的"贫家之子，寡妇之儿"，郑板桥要自己的儿子倾注一份爱心，周济纸笔墨砚，而且要在尊重对方的基础上，体贴入微地帮助他们。在《潍县署中与舍弟墨第二书》中，郑板桥说出了那句至理名言："读书中举中进士作官，第一要明理作个好人。"也就是说，做事在其次，第一位的是要学会做人。

在尊师重教方面，郑板桥强调要尊重师长，这大概是郑板桥早年做过塾师，深知其中的辛苦。他在《潍县寄舍弟墨第三书》中要求家人尊敬老师，不得稍有怠慢，"夫择师为难，敬师为要。择师不得不审，既择定矣，便当尊之敬之，何得复寻其短？"

由此可见，郑板桥不仅是一个好官，还是一名合格的大家长，他的家风家训直到今天仍有借鉴意义。

“板桥三绝”诗书画

著名学者马宗霍在其《书林藻鉴》中评价：“板桥有三绝，曰画，曰诗，曰书。三绝之中又有三真，曰真气、曰真意、曰真趣。”郑板桥一生所作诗书画很多，可以称得上是一位杰出的文学艺术家，但他的思想却是现实主义的。在他的笔下，诗、书、画是一个完整思想体系的几种不同表现形式，这个思想体系有人称之为“板桥思想”，也有人称之为“板桥风格”。无论是板桥思想还是板桥风格，都体现在一个“怪”字上。这个“怪”字，绝不是贬义词，而是说他的思想、性格和处事风格在当时的环境中有自己独特的一面，就是敢于反抗世俗中不合理的现象，勇于创新，公正廉洁，心系百姓等。

他在题画诗《竹石》中写道：“咬定青山不放松，立根原在破岩中。千磨万击还坚劲，任尔东西南北风。”这是他立根于民众之中不畏权贵，坚持正义，任凭风吹浪打也不改变和动摇自己思想品格的体现。这在当时的社会环境中是十分难得的，直到今天仍有现实意义。郑板桥的诗，从《诗经》、曹操、李白、杜甫、陆游等人的作品中吸取了不少营养，又联系社会现实进行了大胆的创新，其内容十分丰富。郑板桥《诗钞》里有他在范县写的《孤儿行》《后孤儿行》《姑恶》，表达了他对百姓疾苦的关心。“县官编丁著图甲，悍吏入村捉鹅鸭。县官养老赐帛肉，……豺狼到处无虚过，不断人喉抉人目。”（《悍吏》）“官刑不敌私刑恶，……一丝一粒尽搜索。”（《私刑恶》）则是对酷吏残暴手段的揭露和抨击。还有的诗揭露了达官贵人荒淫腐朽的生活，或描写了风土人情、山光水色等。

郑板桥的绘画更是杰出。他的绘画题材以竹、兰、石为主，兼及梅、松、菊等。为什么以这类题材为主呢？因为梅、兰、竹、菊自宋代以来就被称为“四君子”，它们象征着“坚强”“高雅”“幽洁”“正直”，身处淤泥而不染的气节和品格。郑板桥喜欢画竹、兰、石，也是借物抒情，效法“四时不谢之兰，百节长青之竹，万古不移之石”，而做“千秋不变之人”。要说郑板桥一生画的最多的还是竹子。他为人正直善良，有骨气、有气节，正与竹子刚劲雄健、坚韧不拔的意蕴相契合。正如前面所说的“千磨万击还坚劲，任尔东西南北风”，

“衙斋卧听萧萧竹，疑是民间疾苦声。些小吾曹州县吏，一枝一叶总关情”。

郑板桥的书法，曾被誉为“乱石铺地”，骤然看去，大大小小、歪歪斜斜、不方不正，但仔细看来，就会发现是一气呵成、浑然一体、妙趣横生。